I0833405

THE MEDINAH ARABIC COURSE
FOR CHILDREN
- LEVEL THREE -

TAHA ARABIC BOOKS (KT 0294726-K)

ISBN : 978-967-0428-03-1

This book, '*The Medinah Arabic Course For Children : TEXTBOOK LEVEL THREE*' may be photocopied as the mere using of it renders it un-usable. With respect to this, and without having to resort to adding 'consequential actions' such as stating :

> *"This book is copyright protected. Those found guilty of copying will be drawn and quartered."*

...or likewise (which normally comes at the author's copyright page), I would like instead to ask for simple common respect for the author's hard work–often years–in mind. So, that being said : *If you need to photocopy this book for extra exercises for yourself or your students then please do so.* No, you *cannot* re-print the book (or portions of it) and sell it under a new name. No, you *cannot* download a copy from the internet, nor upload it to the internet. But, yes, feel free to photocopy your personal copy for learning and as long as you intend to learn from it, or teach it to others.

Please visit both Dr V. Abdur Rahim's website for the Arabic Language, and particularly mine for additional material and tips relating to calligraphy, the Arabic Language, teaching methodology as well as a complete teacher's guide (كِتابُ الْمُعَلِّمِ) for the seven-book children's series :

www.DrVaniya.com **www.Taha-Arabic.com**

Shukran! شُكْرًا! Thank you!

مَعْلُوماتُ الدَّارِسِ/الدَّارِسَةِ

اَسْمُ التِّلْمِيذِ/التِّلْمِيذَةِ : ____________________

الْعُنْوانُ : ____________________

____

____

____

اَسْمُ الْمَدْرَسَةِ : ____________________

اَسْمُ الْأُسْتاذِ/الْأُسْتاذَةِ : ____________________

الْفَصْلُ : ____________________

السَّنَةُ : ____________________

رَقْمُ الْهاتِفِ : ____________________

مَعْلُوماتٌ أُخَرُ شَخْصِيَّةٌ

____

____

____

____

(١) الدَّرْسُ الأَوَّلُ

الْمكتبُ : عَلَىٰ الْمكتبِ

الْحقيبةُ : فِي الْحقيبةِ

هٰذا كِتابٌ، وَهٰذا مَكْتَبٌ.

الْكِتابُ عَلَىٰ الْمَكْتَبِ.

هٰذا سَرِيرٌ، وَهٰذِهِ غُرْفَةٌ.

السَّرِيرُ فِي الْغُرْفَةِ.

الْقَلَمُ فِي الْحَقِيبَةِ، وَالْحَقِيبَةُ عَلَىٰ الْمَكْتَبِ.

ماذا عَلَىٰ الْكُرْسِيِّ؟

عَلَىٰ الْكُرْسِيِّ كِتابٌ، وَعَلَىٰ الْكِتابِ ساعَةٌ.

✓ الْكِتابُ عَلَىٰ الْمَكْتَبِ. ✓ عَلَىٰ الْمَكْتَبِ كِتابٌ. ✗ كِتابٌ عَلَىٰ الْمَكْتَبِ.

تَمارِيْنُ

(١) اِقْرَأْ (اِقْرَئِي) الْكَلِماتِ الْآتِيَةَ بِزِيادَةِ «عَلَىٰ» كَما فِي الْمِثالِ :

- الْمِثالُ : الْقَلَمُ ○ الْمَكْتَبُ : الْقَلَمُ عَلَىٰ الْمَكْتَبِ.

(١) السَّاعَةُ ○ الْكُرْسِيُّ : ______________________

(٢) الْكِتابُ ○ الْحَقِيبَةُ : ______________________

(٣) الْقَلَمُ ○ السَّرِيرُ : ______________________

(٤) فاطِمَةُ ○ الدَّرَّاجَةُ : ______________________

(٥) الْقِطُّ ○ الْمَكْتَبُ : ______________________

(٢) اِقْرَأْ (اِقْرَئِي) الْكَلِماتِ الْآتِيَةَ بِزِيادَةِ «فِي» كَما فِي الْمِثالِ :

- الْمِثالُ : الْقَلَمُ ○ الْحَقِيبَةُ : الْقَلَمُ فِي الْحَقِيبَةِ.

(١) الْكُرْسِيُّ ○ الْغُرْفَةُ : ______________________

(٢) هِشامُ ○ الدُّكَّانُ : ______________________

(٣) الْكِتابُ ○ الْحَقِيبَةُ : ______________________

(٤) الْإِمامُ ○ الْمَسْجِدُ : ______________________

(٣) اِقْرَأْ (اِقْرَئِي) الْكَلِماتِ الْآتِيَةَ مَعَ ضَبْطِ أَواخِرِها :

الْكِتاب   فِي الْكِتاب   الْمَكْتَب   فِي الْماء

السَّرِير   عَلَىٰ السَّرِير   الْكُرْسِيّ   الْماء

الْقَلَم   فِي الْغُرْفَة   عَلَىٰ الْكُرْسِيّ   السَّماء

الْغُرْفَة   عَلَىٰ الْمَكْتَب   فِي السَّماء

(٤) اُنْظُرْ (اُنْظُرِي) إِلَىٰ الصُّورَةِ الَّتِي قَبْلَ كُلِّ سُؤالٍ أَوْ بَعْدَهُ، ثُمَّ أَجِبْ (أَجِيبِي) عَنْهُ مُسْتَعْمِلاً (مُسْتَعْمِلَةً) «فِي» أَوْ «عَلَىٰ» :

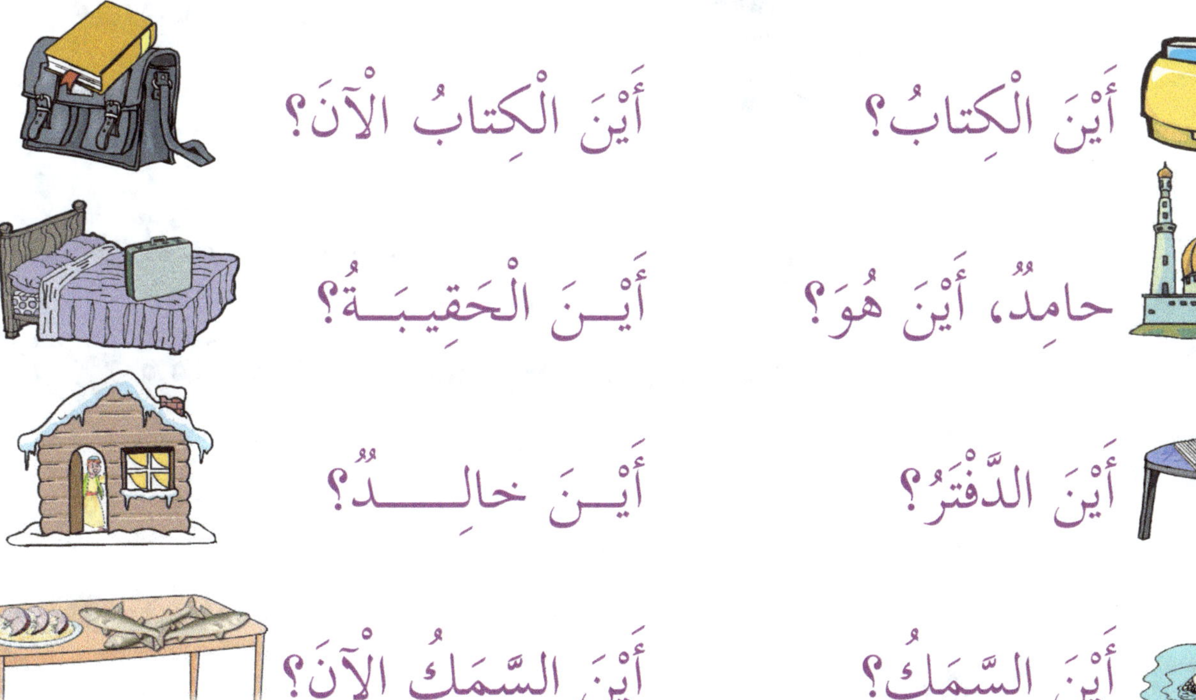

أَيْنَ الْكِتابُ؟   أَيْنَ الْكِتابُ الْآنَ؟

حامِدٌ، أَيْنَ هُوَ؟   أَيْنَ الْحَقِيبَةُ؟

أَيْنَ الدَّفْتَرُ؟   أَيْنَ خالِدٌ؟

أَيْنَ السَّمَكُ؟   أَيْنَ السَّمَكُ الْآنَ؟

أَيْنَ الْقِطُّ؟   وَالْآنَ، أَيْنَ الْقِطُّ؟

(٢) الدَّرْسُ الثَّانِيْ

- أَنا مُدَرِّسٌ جَدِيدٌ.
- أَهْلًا وَسَهْلًا وَمَرْحَبًا. ما ٱسْمُكَ؟
- ٱِسْمِي كَمالُ.
- مَنْ هٰذا يا كَمالُ؟

- هٰذا ٱبْنِي.
- ما ٱسْمُهُ؟
- ٱِسْمُهُ مُحَمَّدٌ.*
- وَمَنْ هٰذا يا كَمالُ؟
- هٰذا أَخِي.
- ما ٱسْمُهُ؟
- ٱِسْمُهُ جَمالُ.

---

* نُطْقُهُ : ٱسْمُهُو مُحَمَّدٌ.

* وَمَنْ ذٰلِكَ يا كَمـالُ؟
* هُوَ صَدِيقِي.
* ما ٱسْمُـهُ؟
* ٱسْمُهُ وِلْيَـمُ.
* أَمُسْلِمٌ هُـوَ؟
* نَعَمْ، هُوَ مُسْلِمٌ جَدِيـدٌ.

(١) ٱقْرَأْ (ٱقْرَئِي) ما يَأْتِي :

(١) ما ٱسْمُـكَ، وَما ٱسْمُـهُ؟ ٱسْمِي حامِدٌ، وَٱسْمُـهُ عَبّاسٌ.

(٢) الإِمامُ ٱسْمُـهُ الشَّيْـخُ خالِـدٌ.

(٣) ٱسْمِي هِشامٌ، وَأَخِي ٱسْمُـهُ مُحَمَّدٌ.

(٤) هٰذا طَبِيـبٌ قَدِيمٌ. ٱسْمُـهُ الدُّكْـتُورُ وِلْـيَمُ.

(٥) هٰذا ٱبْنِي، وَٱسْمُـهُ عَلِـيٌّ.

(٦) مَنْ ذٰلِكَ؟ ذٰلِكَ تِلْمِيذٌ جَدِيدٌ. ٱسْمُـهُ شَهْـنَـوَازُ.

(٢) يَسْأَلُ الْمُدَرِّسُ كُلَّ طالِبٍ : «ما ٱسْمُكَ؟» وَ«ما ٱسْمُهُ؟» (مُشِيرًا إِلَىٰ زَمِيلِهِ).

(٣) ٱقْرَأْ (ٱقْرَئِي) الْمِثالَيْنِ، ثُمَّ أَضِفْ (أَضِيفِي) الْأَسْماءَ الْآتِيَةَ إِلَىٰ الْكافِ «كَ/كِ»، وَالْهاءِ «هُ/هَا»، وَالْياءِ «ي/ي» :

● الْمِثالُ : هٰذا كِتابُكَ، وَهٰذا كِتابُهُ.

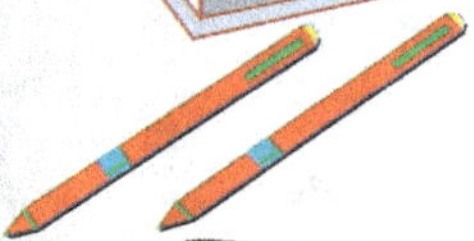

(١) ________________

(٢) ________________

(٣) ________________

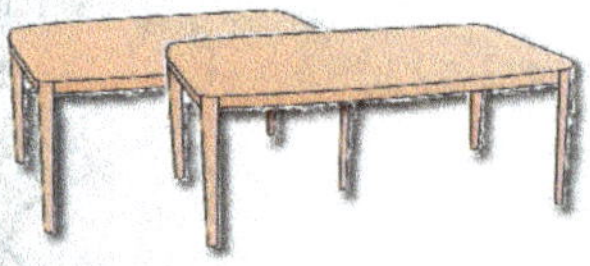

(٤) ________________

● الْمِثالُ : هٰذِهِ دَرَّاجَتِي، وَهٰذِهِ دَرَّاجَتُهُ.

(٥) ________________

(٦) ________________

(٧) ________________

(٨) ________________

(٤) ٱقْرَأْ (ٱقْرَئِي) ما يَأْتِي :

(١) أنا تِلْميذٌ قَديمٌ، وَأَنْتَ تِلْميذٌ جَديدٌ. أَهْلاً وَسَهْلاً.

(٢) فِي غُرْفَتِي قِطٌّ جَميلٌ.

(٣) هٰذا عَبّاسٌ، وَذٰلِكَ مُدَرِّسُهُ. مُدَرِّسُهُ جَديدٌ.

(٤) الدُّكْتُورُ شَهْنَوازُ طَبيبٌ. هُوَ صَديقِي.

(٥) يا أَخِي، أَبَيْتُكَ ذٰلِكَ؟

(٦) عَلَى الْمَكْتَبِ كِتابٌ كَبيرٌ وَدَفْتَرٌ صَغيرٌ.

(٧) يا أَبِي، أَصَديقُكَ هٰذا؟ نَعَمْ، وَٱسْمُهُ حامِدٌ.

(٨) أَيْنَ خَديجَةُ، وَأَيْنَ فاطِمَةُ؟

(٩) فِي الْحَقيبَةِ مِنْديلٌ. الْمِنْديلُ نَظيفٌ.

(١٠) يا أُسْتاذَتِي، أَيْنَ سَيّارَتُكِ؟ سَيّارَتِي هُناكَ. ٱنْظُرِي.

(٥) ضَعْ (ضَعِي) «ما» أَوْ «مَنْ» فِي كُلِّ فَراغٍ فِيما يَأْتِي :

(١) ____ ذٰلِكَ؟ ذٰلِكَ صَديقِي.

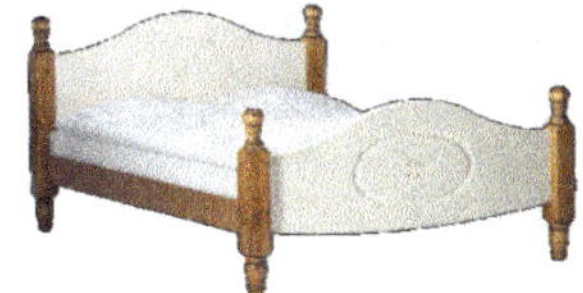

(٢) ____ ذٰلِكَ؟ ذٰلِكَ سَريرِي.

(٣) ____ هٰذِهِ، وَ____ تِلْكَ؟ هٰذِهِ مَرْيَمُ، وَتِلْكَ حَقيبَةٌ.

(٦) اِقْرَأْ (اِقْرَئِي) ما يَلِي :

أَعْلامٌ عَرَبِيَّةٌ [ٌ]	أَعْلامُ غيرُ عَرَبِيَّةٍ [ُ]
حامِدٌ	إِدْوَرْدُ
جَمالٌ	إِسْماعِيلُ
عَبّاسٌ	وِلْيَمُ
مُحَمَّدٌ	إِبْراهِيمُ
كَمالٌ	شَهْنَوازُ

(٧) اِقْرَأْ (اِقْرَئِي) الْكَلِماتِ الْآتِيَةَ مَعَ ضَبْطِ أَواخِرِها :

كَمال　إِسْماعِيل　خَدِيجَة　وِلْيَم

جَمال　شَهْنَواز　إِبْراهِيم　آمِنَة

إِدْوَرْد　فاطِمَة　مُحَمَّد　حامِد

زَيْنَب　هِشام　عَبّاس

(٨) اِقْرَأْ (اِقْرَئِي) الْكَلِماتِ الْآتِيَةَ عَلَى غِرارِ الْمِثالِ :

● الْمِثالُ : جَمالٌ : يا جَمالُ

(١) عَبّاسٌ ____________ (٥) شَيْخٌ ____________

(٢) مُحَمَّدٌ ____________ (٦) إِبْراهِيمُ ____________

(٣) آمِنَةُ ____________ (٧) وَلَدٌ ____________

(٤) كَمالٌ ____________ (٨) مَرْيَمُ ____________

(٩) لَوِّنْ (لَوِّنِي) هٰذِهِ الصُّورَةَ :

(٣) الدَّرْسُ الثَّالِثُ

آمِنَةُ : مَنْ أَنْتِ يا أُخْتِي؟

مَرْيَمُ : أَنا طَبِيبَةٌ جَدِيدَةٌ.

آمِنَةُ : أَهْلًا وَسَهْلًا وَمَرْحَبًا. ما ٱسْمُكِ؟

مَرْيَمُ : ٱسْمِي الدُّكْتُورَةُ مَرْيَمُ.

آمِنَةُ : مَنْ هٰذِهِ؟

مَرْيَمُ : هِيَ أُخْتِي.

آمِنَةُ : ما ٱسْمُها؟

مَرْيَمُ : ٱسْمُها فاطِمَةُ.

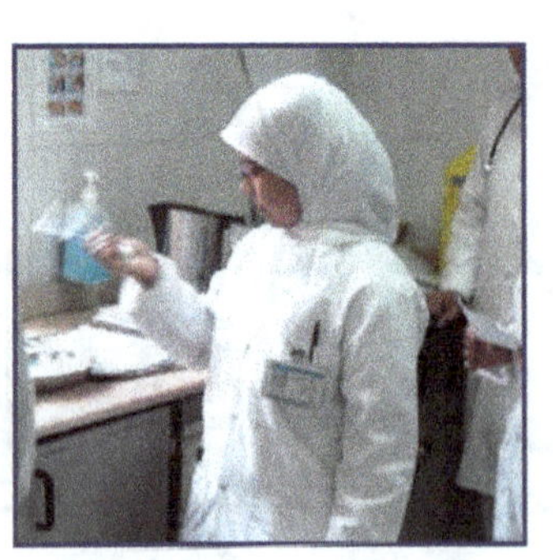

آمِنَةُ : أَطَبِيبَةٌ هِيَ كَذٰلِكَ؟

مَرْيَمُ : لا، هِيَ مُمَرِّضَةٌ.

آمِنَةُ : وَمَنْ هٰذِهِ؟

مَرْيَمُ : هِيَ بِنْتِي.

آمِنَةُ : ما ٱسْمُها؟

مَرْيَمُ : ٱسْمُها زَيْنَبُ.

آمِنَةُ : أَأَخُوكِ هٰذا يا مَرْيَمُ؟

مَرْيَمُ : نَعَمْ، هٰذا أَخِي. ٱسْمُهُ خالِدٌ. وَهُوَ مُهَنْدِسٌ.

آمِنَةُ : أَيْنَ أَبُوكِ وَأُمُّكِ الْآنَ؟

مَرْيَمُ : أَبِي فِي الْمَدْرَسَةِ. هُوَ مُدَرِّسٌ. وَأُمِّي فِي الْبَيْتِ.

(١) يَسْأَلُ الْمُدَرِّسُ كُلَّ طالِبٍ : «ما ٱسْمُكَ؟»، وَ«ما ٱسْمُهُ؟»، وَ«ما ٱسْمُها؟» (مُشِيرًا إِلَىٰ زَمِيلِهِ وَزَمِيلَتِهِ).

(٢) ٱقْرَأْ (ٱقْرَئِي) ما يَلِي :

(١) هٰذا أَخِي. ٱسْمُهُ جَمالٌ. وَهٰذِهِ أُخْتِي. وَٱسْمُها خَدِيجَةُ.

(٢) يا مُحَمَّدُ، هٰذا ٱبْنِي، وَٱسْمُهُ إِبْراهِيمُ. هُوَ طَبِيبٌ.

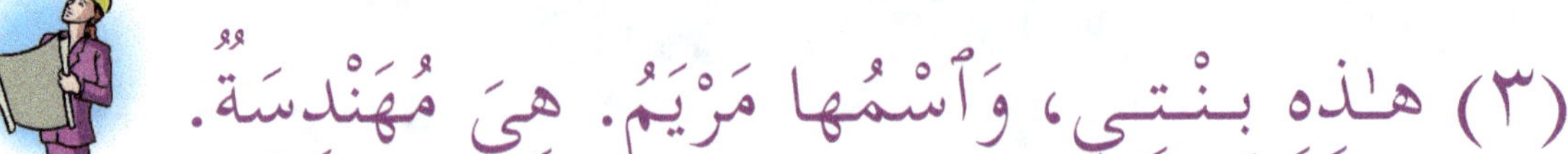

(٣) هٰذِهِ بِنْتِي، وَٱسْمُها مَرْيَمُ. هِيَ مُهَنْدِسَةٌ.

(٤) أَبِي تاجِرٌ. دُكّانُهُ فِي السُّوقِ. وَأُمِّي مُدَرِّسَةٌ. مَدْرَسَتُها هُناكَ. مَدْرَسَتُها بَعِيدَةٌ. ٱنْظُرْ.

(٣) ضَعْ (ضَعِي) فِي كُلِّ فَراغٍ فِيما يَأْتِي «هُ/ـهُ»، أَوْ «ها/ـها» :

(١) وِلْيَمُ مُدَرِّسِي، وَٱبْنُـــ صَدِيقِي.

(٢) زَيْنَبُ طَبِيبَةٌ. ٱبْنُـــ دُكْتُورٌ.

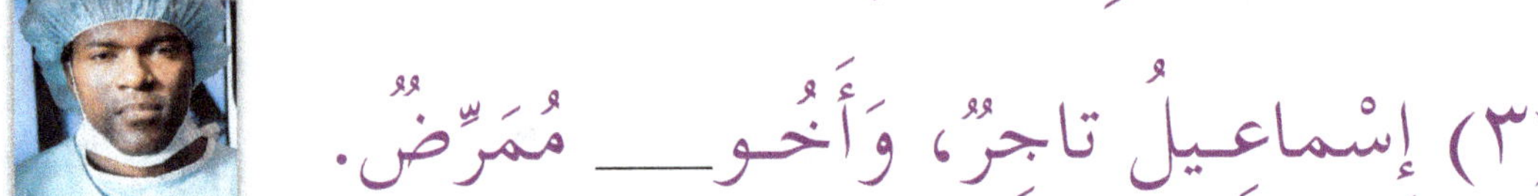

(٣) إِسْماعِيلُ تاجِرٌ، وَأَخُوـــ مُمَرِّضٌ.

(٤) هِشامٌ دَفْتَرُـــ عَلَى الْمِنْدِيلِ، وَمَرْيَمُ دَفْتَرُـــ هُناكَ كَذٰلِكَ.

(٥) آمِنَةُ صَدِيقَتِي. أُمُّـــ فِي الْبَيْتِ.

(٤) تَأَمَّلْ (تَأَمَّلِي) ما يَلِي :

بِنْتٌ :	بِنْتُكَ	بِنْتُهُ	بِنْتُها	بِنْتِي
كِتابٌ :	كِتابُكَ	كِتابُهُ	كِتابُها	كِتابِي
أَخٌ :	أَخُوكَ	أَخُوهُ	أَخُوها	أَخِي
أَبٌ :	أَبُوكَ	أَبُوهُ	أَبُوها	أَبِي

(٥) وَالْآنَ، ٱقْرَأْ (ٱقْرَئِي) ما يَلِـي :

(١) أَيْنَ أَبُـوكَ وَأُمُّـكَ يا كَمالُ؟ أَبِي هُنا، وَأُمِّي هُناكَ.

(٢) يا عَبّاسُ، أَفِي الْغُرْفَةِ أَبُـوكَ؟ نَعَمْ، أَبِي فِي الْغُرْفَةِ.

(٣) أَخُـوكَ مُهَنْدِسٌ، وَأَخِـي مُهَنْدِسٌ كَذٰلِكَ.

(٤) أَبُـوكَ وَأَبُـوهُ وَأَبِـي فِي الْمَسْجِدِ.

(٥) تِلْكَ فاطِمَةُ. أَبُـوها مُدَرِّسٌ، وَأَخُـوها طَبِيبٌ.

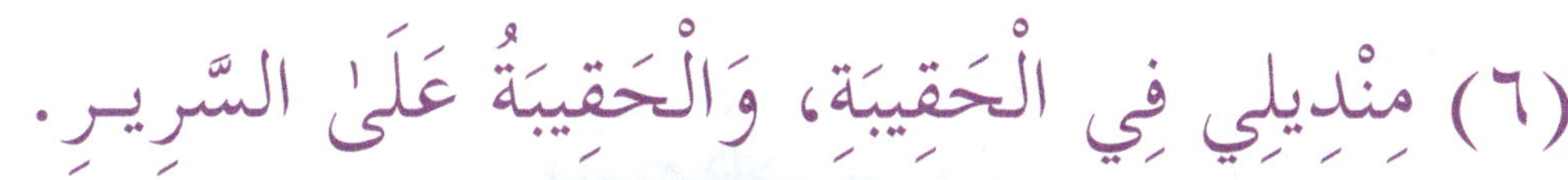

(٦) مِنْدِيلِي فِي الْحَقِيبَةِ، وَالْحَقِيبَةُ عَلَىٰ السَّرِيـرِ.

(٧) السَّماءُ جَمِيلَةٌ.

(٦) صَحِّحِ (صَحِّحِي) الْجُمَلَ الْآتِـيَةَ :

(١) ما ٱسْمُكَ يا أُخْتِـي؟ ______________________

(٢) حامِدُ هُنا. ٱنْظُرْ، هٰذِهِ سَيّارَتُها. ______________

(٣) هٰذِهِ آمِنَةُ، وَذٰلِكَ أَخُوهُ. ________________

(٤) أَيْنَ دَرّاجَتُـكِ يا شَهْنَوازُ؟ ________________

(٥) إِدْوَرْدُ فِي الْغُرْفَةُ. ____________________

(٤) الدَّرْسُ الرَّابِعُ

الْبَـيْـتُ : إِلَىٰ الْبَيْـتِ

الْمَسْجِدُ : مِنَ الْمَسْجِدِ

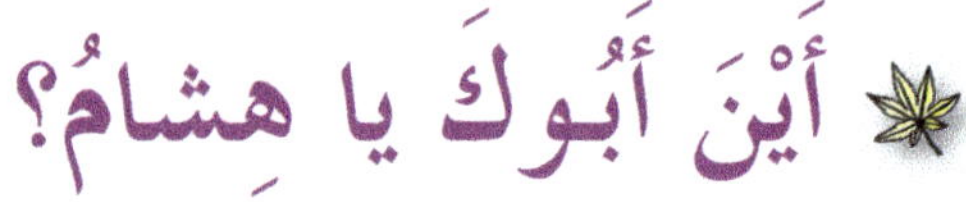

- أَيْنَ أَبُوكَ يا هِشامُ؟
- خَرَجَ مِنَ الْبَـيْـتِ.
- أَيْنَ ذَهَبَ؟
- ذَهَبَ إِلَىٰ السُّوقِ.

- وَأَيْنَ أَخُوكَ؟
- ذَهَبَ إِلَىٰ الْمَسْجِدِ.
- وَأَيْنَ أُخْتُكَ يا هِشامُ؟
- ذَهَبَتْ إِلَىٰ الْمَدْرَسَةِ.

- وَأَيْنَ أُمُّكَ؟
- ذَهَبَتْ إِلَىٰ الطَّبِيبَةِ.

(١) أَجِبْ (أَجِيبِي) عَنِ الأَسْئِلَةِ الآتِيَةِ :

(١) هِشامُ، أَيْنَ ذَهَبَ أَبُوهُ؟ ____________________

(٢) وَأَيْنَ ذَهَبَتْ أُمُّهُ؟ ____________________

(٣) وَأَيْنَ ذَهَبَ أَخُوهُ؟ ____________________

(٤) وَأَيْنَ ذَهَبَتْ أُخْتُهُ؟ ____________________

(٢) اِقْرَأْ (اِقْرَئِي) ما يَلِي :

(١) أَيْنَ ذَهَبَ التِّلْمِيذُ؟ ذَهَبَ إِلَى الْمِرْحاضِ.

(٢) خَرَجَ الإِمامُ مِنَ الْمَسْجِدِ وَذَهَبَ إِلَى الْبَيْتِ.

(٣) أَيْنَ ذَهَبَتْ مُدَرِّسَتِي؟ ما أَدْرِي.

(٤) ذَهَبَتْ زَيْنَبُ إِلَى الطَّبِيبَةِ، وَذَهَبَ أَخُوها إِلَى الدُّكّانِ.

(٥) خَرَجَ التّاجِرُ مِنَ السُّوقِ وَذَهَبَ إِلَى الْمَسْجِدِ.

(٦) ذَهَبَ إِبْراهِيمُ إِلَى الْغُرْفَةِ. غُرْفَتُهُ كَبِيرَةٌ وَجَمِيلَةٌ وَنَظِيفَةٌ.

(٧) اُنْظُرْ يا شَيْخُ، التّاجِرُ فِي السُّوقِ، وَالْوَلَدُ فِي السُّوقِ كَذٰلِكَ.

(٣) اِقْرَأْ (اِقْرَئِي) الْكَلِماتِ الآتِيَةَ مَعَ ضَبْطِ أَواخِرِها :

الْمَسْجِد	مِنَ الْمَسْجِد	مِنَ الْبَيْت
الْبَيْت	إِلَى السُّوق	السُّوق
الْمَدْرَسَة	إِلَى الْمَدْرَسَة	مِنَ الدُّكّان

(٤) ضَعْ (ضَعِي) «ذَهَبَ» أَوْ «ذَهَبَتْ» في الْفَراغِ فِيما يَلِي :

(١) ذَهَبَ خالِدُ إِلَى الْمَسْجِدِ، وَ______ أُخْتُهُ إِلَى الْمَلْعَبِ.

(٢) ذَهَبَتْ فاطِمَةُ إِلَى الْبَيْتِ، وَ______ أَخُوها إِلَى السُّوقِ.

(٣) يا خَدِيجَةُ، أَيْنَ الطَّبِيبَةُ؟ ______ إِلَى الْمَسْجِدِ.

(٤) ______ أُمِّي إِلَى الدُّكّانِ، وَما أَدْري أَيْنَ ______ أَبِي.

(٥) يَسْأَلُ كُلُّ زَمِيلَهُ :"يا ______ ما هٰذا؟ / ما هٰذِهِ؟"

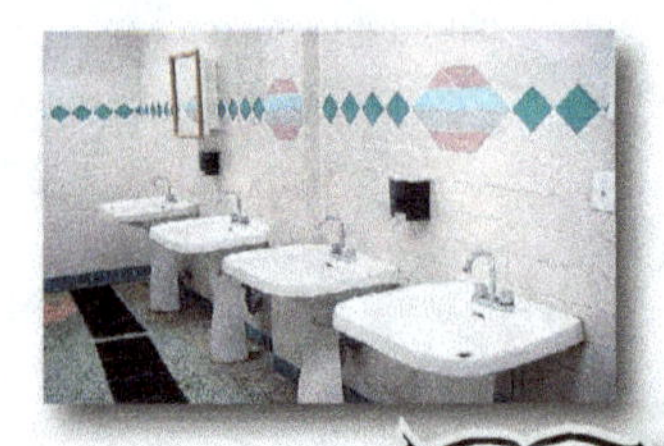

(٦) يَسْأَلُ كُلٌّ زَميلَهُ :"يا ______ مَنْ هٰذا؟ / مَنْ هٰذِهِ؟"؟

(٧) اِقْرَأْ (اِقْرَئِي) ما يَلي* :

= ذَهَبَ/ذَهَبَتْ = إِلىٰ

(١) إِبْراهيمُ  .

(٢) فاطِمَةُ  .

(٣) أَيْنَ كَمالٌ؟ 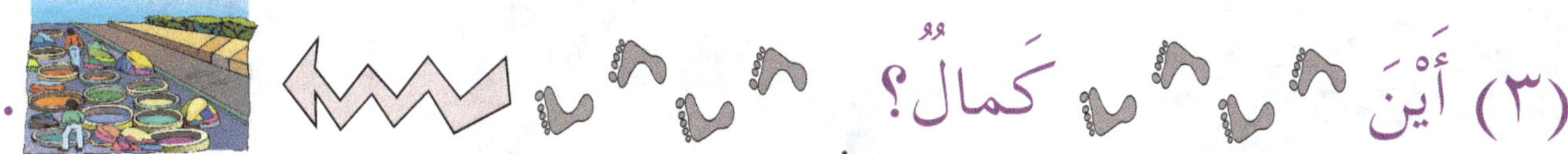 .

(٤) يا حامِدُ، أَ  زَيْنَبُ؟ نَعَمْ.

(٥) أَيْنَ هِشامٌ؟ 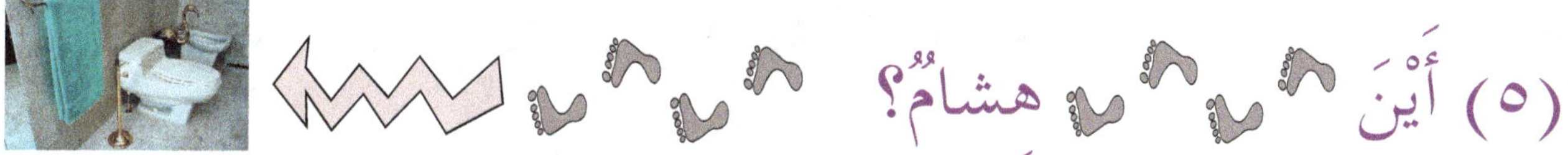 .

(٦) أَ إِدْوَرْدُ؟ ما أَدْري.

* يَكْتُبُ الطُّلّابُ وَالطّالِباتُ عِدَّةً مِنْ هٰذِهِ الْجُمَلِ في آخِرِ الْكِتابِ.

(٥) الدَّرْسُ الْخامِسُ

- أَهْلًا وَسَهْلًا وَمَرْحَبًا يا عبّاسُ. أَيْنَ ذَهَبْتَ؟
- ذَهَبْتُ إِلَىٰ الْمَسْجِدِ.
- أَذَهَبْتَ إِلَىٰ الطَّبِيبِ؟
- نَعَمْ، ذَهَبْتُ.
- وَمَتَىٰ ذَهَبْتَ يا عَبَّاسُ؟
- ذَهَبْتُ الْيَوْمَ.

- أَذَهَبْتَ إِلَىٰ السُّوقِ؟
- لا، ما ذَهَبْتُ.
- يا زَيْنَبُ، أَذَهَبْتِ إِلَىٰ الْمَدْرَسَةِ؟
- نَعَمْ، ذَهَبْتُ.

* مَتىٰ ذَهَبْتِ؟ أَأَمْسِ ذَهَبْتِ؟

* نَعَمْ، ذَهَبْتُ أَمْسِ.
* أَذَهَبْتِ إِلَىٰ الطَّبِيبَةِ؟
* لا، ما ذَهَبْتُ.

تَمارِيْنُ

(١) أَجِبْ (أَجِيبِي) عَنِ الْأَسْئِلَةِ الْآتِيَةِ [لَيْسَتِ الْأَجْوِبَةُ مِنَ النَّصِّ] :

(١) أَذَهَبْتَ إِلَىٰ الدُّكَّانِ الْيَوْمَ يا إِسْماعِيلُ؟

(٢) مَتَىٰ ذَهَبْتِ إِلَىٰ الْمَلْعَبِ يا آمِنَةُ؟

(٣) أَيْنَ ذَهَبْتِ أَمْسِ يا بِنْتِي؟

(٤) يا ٱبْنِي، أَيْنَ ذَهَبْتَ أَنْتَ، وَأَيْنَ ذَهَبَ أَخُوكَ؟

(٥) يا مَرْيَمُ، أَيْنَ ذَهَبْتِ أَنْتِ، وَأَيْنَ ذَهَبَتْ أُخْتُكِ؟

(٦) أَذَهَبْتِ إِلَىٰ الْمَدْرَسَةِ الْيَوْمَ يا فاطِمَةُ؟

(٧) أَذَهَبْتَ أَنْتَ إِلَىٰ الطَّبِيبِ؟ مَتَىٰ؟

(٢) اِقْرَأْ (اِقْرَئِي) ما يَلِي :

(١) ذَهَبَ أَبِي إِلَىٰ السُّودانِ، وَذَهَبَ أَخِي إِلَىٰ الْعِراقِ.

(٢) ذَهَبَتْ أُخْتِي إِلَىٰ الْمَدْرَسَةِ، وَذَهَبَتْ أُمِّي إِلَىٰ الطَّبِيبَةِ.

(٣) مَتَىٰ ذَهَبَ إِبْراهِيمُ إِلَىٰ الْكُوَيْتِ؟ ذَهَبَ أَمْسِ.

(٤) مَنْ ذَهَبَ إِلَىٰ الْمَلْعَبِ الْيَوْمَ؟ ذَهَبَ أَخِي عَبّاسُ.

(٥) مَتَىٰ ذَهَبْتِ إِلَىٰ الطَّبِيبَةِ يا مَرْيَمُ؟ ذَهَبْتُ أَمْسِ، وَما ذَهَبْتُ الْيَوْمَ.

(٦) مَتَىٰ ذَهَبْتَ إِلَىٰ الدُّكّانِ يا بِلالُ؟ ذَهَبْتُ أَمْسِ.

(٣) صَحِّحْ (صَحِّحِي) الْجُمَلَ الآتِيَةَ :

(١) ذَهَبَ أُخْتِي إِلَىٰ الْمَدْرَسَةِ. ______________________

(٢) ما ذَهَبَتْ هِشامُ إِلَىٰ الْمِرْحاضِ. ______________________

(٣) مَتَىٰ ذَهَبْتِ إِلَىٰ السُّوقِ يا جَمالُ؟ ______________________

(٤) أَيْنَ ذَهَبْتَ يا خَدِيجَةُ؟ ______________________

(٥) أَيْنَ ذَهَبْتِ يا أَبِي؟ ______________________

(٦) هٰذِهِ مِنْدِيلِي، وَذٰلِكَ حَقِيبَتِي. ______________________

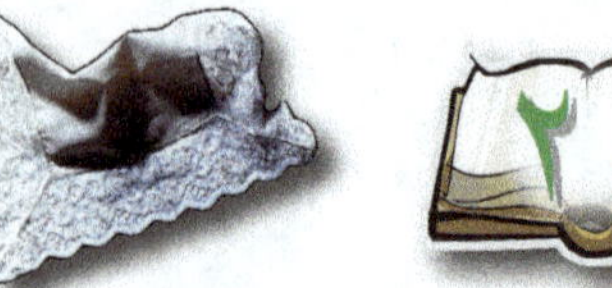

العَلامَةُ تَدُلُّ عَلَىٰ الخَرِيطَةِ في ص ٧٨.

(٤) اِقْرَأْ (اِقْرَئِي) ما يَلِي* :

= ذَهَبْتَ/ذَهَبْتِ/ذَهَبْتُ = إِلَى

(١) يا خالِدُ، مَتَى الطَّبِيبِ؟ أَمْسِ.

(٢) يا آمِنَةُ، أَ السُّوقِ؟ لا، ما .

(٣) أَيْنَ الْيَوْمَ يا أَخِي؟ الْمَلْعَبِ.

(٤) أَ الْكُوَيْتِ يا حامِدُ؟ لا، ما

الْكُوَيْتِ. أَنا الْعِراقِ.

(٥) أَنا مُدَرِّسَةٌ وَاسْمِي زَيْنَبُ. أَنا الْمَدْرَسَةِ.

(٥) لَوِّنْ (لَوِّنِي) هٰذِهِ الصُّورَةَ :

---

* يَكْتُبُ الطُّلاّبُ وَالطّالِباتُ عِدَّةً مِنْ هٰذِهِ الْجُمَلِ فِي آخِرِ الْكِتابِ.

(٦) الدَّرْسُ السَّادِسُ

- هٰذا بَيْتُ الْإِمامِ، وَذٰلِكَ بَيْتُ الْمُدَرِّسِ.
- بَيْتُ الْإِمامِ جَدِيدٌ، وَبَيْتُ الْمُدَرِّسِ قَدِيمٌ.
- أَيْنَ بَيْتُ الطَّبِيبِ؟
- بَيْتُ الطَّبِيبِ هُناكَ. هُوَ أَمامَ الْمَسْجِدِ. اُنْظُرْ.
- وَهُنا بَيْتٌ. بَيْتُ مَنْ هٰذا؟

- هٰذا بَيْتُ كَمالٍ.
- وَذٰلِكَ، بَيْتُ مَنْ ذٰلِكَ؟
- ذٰلِكَ بَيْتِي.
- بَيْتُكَ جَمِيلٌ جِدًّا، ما شاءَ اللّٰهُ! أَيْنَ بَيْتُ الْمُهَنْدِسِ؟
- بَيْتُهُ خَلْفَ الْمَسْجِدِ.

* سَيّارَةُ مَنْ هٰذِهِ؟
* هٰذِهِ سَيّارَةُ الْإِمامِ.
* وَأَيْنَ سَيّارَةُ الْمُهَنْدِسِ؟
* سَيّارَتُهُ خَلْفَ الْبَيْتِ تَحْتَ الشَّجَرَةِ.
* سَيّارَةُ مَنْ تِلْكَ؟
* ما أَدْرِي.

(١) أَجِبْ (أَجِيبِي) عَنِ الْأَسْئِلَةِ الْآتِيَةِ [الْأَجْوِبَةُ مِنَ النَّصِّ] :

(١) أَيْنَ بَيْتُ الطَّبِيبِ؟ ____________________

(٢) بَيْتُ مَنْ خَلْفَ الْمَسْجِدِ؟ ____________________

(٣) أَيْنَ سَيَّارَةُ الْمُهَنْدِسِ؟ ____________________

(٤) أَقَدِيمٌ بَيْتُ الْإِمامِ؟ ____________________

(٥) أَيْنَ بَيْتُ الْمُهَنْدِسِ؟ ____________________

(أ)

كتابُ + الْمدرّسُ ← كتابُ الْمدرّسِ

(٢) أَضِفْ (أَضِيفِي) الِاسْمَ الْأَوَّلَ إِلَى الثّانِيْ* :

(١) بَيْتُ + الْمُهَنْدِسُ ______________________

(٢) سَيّارَةُ + الطَّبِيبُ ______________________

(٣) مَكْتَبُ + التِّلْمِيذَةُ ______________________

(٤) حَقِيبَةُ + الْإِمامُ ______________________

(٥) قِطُّ + الْمُمَرِّضَةُ ______________________

(٦) بابُ + الْمَسْجِدُ ______________________

(٧) قَلَمُ + الطَّبِيبَةُ ______________________

(٨) بِنْتُ + الْمُدَرِّسُ ______________________

(٩) مَدْرَسَةُ + الْأُخْتُ ______________________

(١٠) غُرْفَةُ + الْأُمُّ ______________________

---

* في كُلٍّ مِنْ هٰذِهِ التَّمارِينِ [أ، ب، ج، د...] إذا ثَبَتَ فَهْمُ الطَّالبِ لِتَرْكِيبِ الْإِضافَةِ فَلْيَقْرَأِ الْجُمَلَ مَرَّةً أُخْرىٰ جاعِلاً جُمَلاً مُفِيدَةً. فَلْيَقْرأْ - مَثَلاً - أَيْنَ بَيْتُ الْمُدرِّسِ؟ بِنْتُ الْأُخْتِ جَمِيلَةٌ.

(٣) اِقْرَأْ (اِقْرَئِي) ما يَلِي* :

(١) مَكْتَبُ الْمُدَرِّسِ كَبِيرٌ، وَمَكْتَبُ الطَّالِبِ صَغِيرٌ.

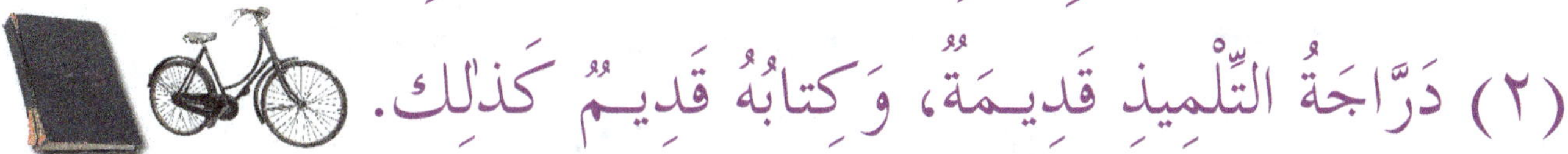

(٢) دَرَّاجَةُ التِّلْمِيذِ قَدِيمَةٌ، وَكِتابُهُ قَدِيمٌ كَذٰلِكَ.

(٣) بِنْتُ التَّاجِرِ مُمَرِّضَةٌ، وَٱبْنُهُ طَبِيبٌ.

(٤) أَيْنَ قَلَمُ الدُّكْتُورَةِ؟ هُوَ هُناكَ عَلَىٰ الْمَكْتَبِ.

(٥) بابُ الْمَسْجِدِ مَفْتُوحٌ، وَبابُ الْمَدْرَسَةِ مُغْلَقٌ.

(٦) أَحَقِيبَتُكِ هٰذِهِ يا مَرْيَمُ؟ لا، هِيَ حَقِيبَةُ الْمُدَرِّسَةِ.

(٧) أَأُخْتُ الْمُهَنْدِسِ أَنْتِ يا سُعادُ؟ نَعَمْ، أَنا أُخْتُهُ.

(٨) مَتَىٰ خَرَجَتْ بِنْتُ الْمُهَنْدِسَةِ مِنَ الْمَدْرَسَةِ؟ ما أَدْرِي.

(٩) أَيْنَ ٱبْنُ الْإِمامِ؟ خَرَجَ مِنَ الْمَسْجِدِ الْآنَ.

(١٠) أَمَفْتُوحَةٌ غُرْفَةُ الْأُمِّ؟ نَعَمْ.

(١١) الْمِنْدِيلُ عَلَىٰ السَّرِيرِ. هُوَ مِنْدِيلُ الْأُخْتِ.

(١٢) ذَهَبَتْ أُمُّ الْمُهَنْدِسِ إِلَىٰ الْعِراقِ أَمْسِ.

---

* ✓ هٰذا بيتُ المدرّسِ. ✗ هٰذا بيتٌ المدرّسِ. ✗ هٰذا البيتُ المدرّسِ.

(ب)

دَفْتَرٌ + مُحَمَّدٌ ⟵ دَفْتَرُ مُحَمَّدٍ

(٤) أَضِفْ (أَضِيفِي) الِاسْمَ الْأَوَّلَ إِلَى الثَّانِي :

(١) بِنْتٌ + جَمالٌ ________________

(٢) كِتابٌ + حامِدٌ ________________

(٣) ساعَةٌ + كَمالٌ ________________

(٤) غُرْفَةٌ + عَبّاسٌ ________________

(٥) أَبٌ + بِلالٌ أَبُو ________________

(٦) أَخٌ + هِشامٌ أَخُو ________________

(٥) اِقْرَأْ (اِقْرَئِي) ما يَلِي :

(١) هٰذا كِتابُ خالِدٍ، وَذٰلِكَ كِتابُ مُحَمَّدٍ. أَيْنَ كِتابِي؟

(٢) دَفْتَرُ عَلِيٍّ فِي حَقِيبَتِي.

(٣) أَبُو جَمالٍ إِمامٌ، وَأَخُوهُ مُهَنْدِسٌ.

(٤) أَيْنَ ابْنُ بِلالٍ الْآنَ؟* اِبْنُهُ الْآنَ فِي الْمِرْحاضِ.

* نُطْقُهُ : ...بِلالِ نِ الْآنَ.

(٥) ساعَةُ خالِـدٍ جَديدَةٌ، وَساعَةُ هِشامٍ قَديـمَةٌ.

(٦) ما شاءَ اللهُ! أَأَخُو حامِـدٍ أَنْتَ؟ لا، أَنا أَخُـو عَبَّاسٍ.

(ج)

كتابُ + مَنْ ⟵ كتابُ مَنْ؟

(٦) أَضِفْ (أَضِيفِي) الِاسْمَ الْأَوَّلَ إِلَىٰ الثّانِي* :

(١) قَلَـمٌ + مَـنْ ________________

(٢) بَيْتٌ + مَـنْ ________________

(٣) سَيّارَةٌ + مَـنْ ________________

(٤) اِبْـنٌ + مَـنْ ________________

(٧) اِقْرَأْ (اِقْرَئِي) ما يَلِي :

(١) قَلَمُ مَنْ ذٰلِكَ؟ ذٰلِكَ قَلَمُ التِّلْمِيـذَةِ.

(٢) بِنْتُ مَنْ خَدِيـجَةُ؟ هِيَ بِنْتُ عَلِيٍّ.

(٣) اِبْـنُ مَنْ أَنْتَ يا أَخِي؟ أَنا اِبْـنُ الْإِمامِ.

(٤) هٰـذِهِ دَرّاجَةُ بِلالٍ. دَرّاجَةُ مَنْ هُناكَ؟ هُناكَ دَرّاجَةُ كَمالٍ.

* كتابُ مَنْ هٰـذا؟ قلمُ مَنْ على الْمَكتبِ؟ درّاجَةُ مَنْ هُناكَ؟

أَمامَ + الْمسجدُ ⟵ أَمامَ الْمسجدِ

(٨) أَضِفْ (أَضِيفِي) الِاسْمَ الْأَوَّلَ إِلَى الثّانِي :

(١) أَمـامَ + الْبَيْـتُ ________________

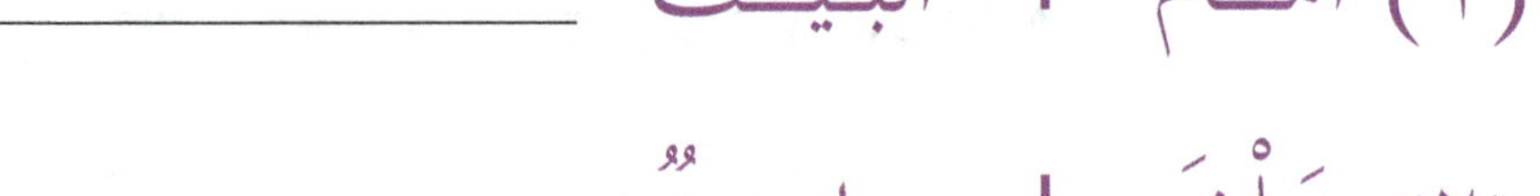

(٢) خَلْفَ + حامِـدُ ________________

(٣) تَحْتَ + الْمَكْتَبُ ________________

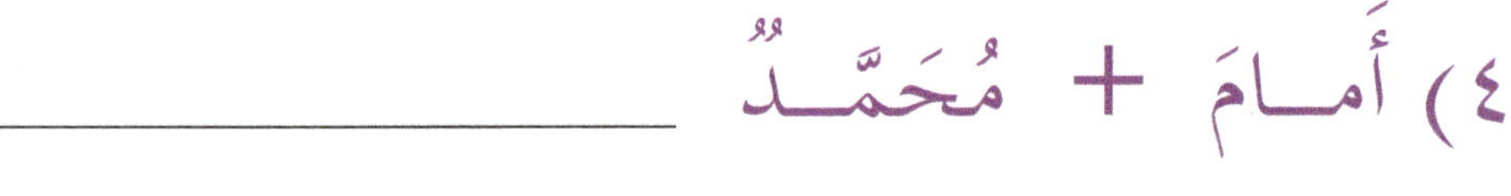

(٤) أَمـامَ + مُحَمَّـدُ ________________

(٥) خَلْفَ + الْمَسْجِدُ ________________

(٦) تَحْتَ + بِـلالٌ ________________

(٩) اِقْرَأْ (اِقْرَئِي) ما يَلِي :

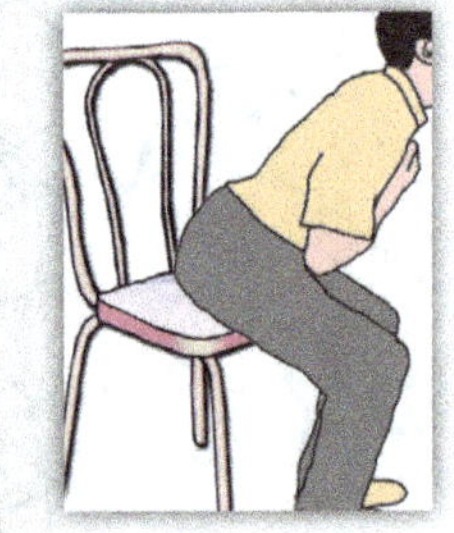

جَلَسَ حامِدٌ.

(١) أَيْنَ سَيّارَةُ الْمُدَرِّسِ؟ هِيَ أَمامَ الْمَدْرَسَةِ.

(٢) جَلَسَ حامِدٌ خَلْفَ بِلالٍ. أَيْنَ جَلَسَ كَمالٌ؟

(٣) مَنْ أَمامَ الْمُهَنْدِسِ؟ إِبْراهِيمُ أَمامَـهُ.

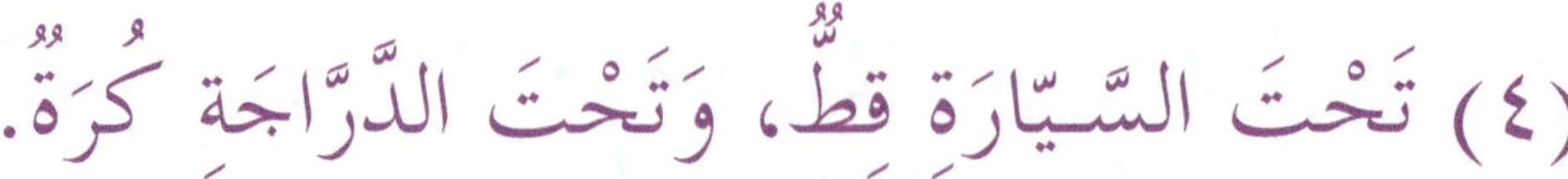

(٤) تَحْتَ السَّـيّارَةِ قِطٌّ، وَتَحْتَ الدَّرّاجَةِ كُرَةٌ.

(٥) أَيْنَ دَفْتَرُ هِشامٍ؟ دَفْتَرُهُ عَلَىٰ الْمَكْتَبِ هُنا. ٱنْظُرْ.

(٦) سَيّارَةُ الْمُمَرِّضَةِ تَحْتَ الشَّجَرَةِ.

(٧) جَلَسَتْ زَيْنَبُ أَمامَ عَلِيٍّ. بِنْتُ مَنْ هِيَ؟

(٨) أَيْنَ بَيْتُ جَمالٍ؟ هُوَ خَلْفَ الْمَسْجِدِ.

(٩) قِطُّ الْبِنْتِ تَحْتَ السَّرِيرِ. قِطُّها صَغِيرٌ.

(١٠) قَلَمُ الْمُدَرِّسِ تَحْتَ الْمَكْتَبِ، وَقَلَمُ التِّلْمِيذِ هُناكَ كَذٰلِكَ.

(هـ)

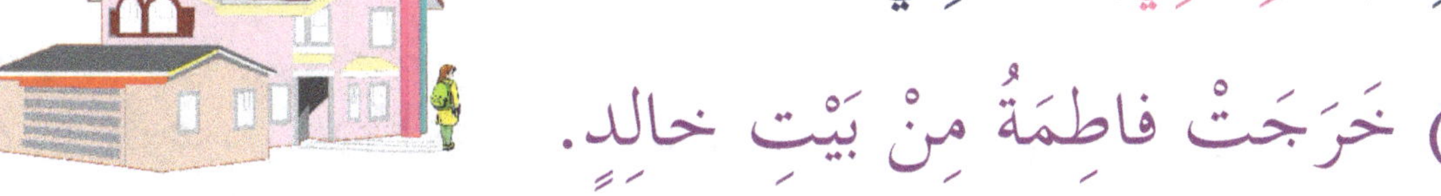

(١٠) ٱقْرَأْ (ٱقْرَئِي) ما يَلِي :

(١) خَرَجَتْ فاطِمَةُ مِنْ بَيْتِ خالِدٍ.

(٢) ماذا عَلَىٰ مَكْتَبِ الْمُدَرِّسِ؟ ما أَدْرِي.

(٣) كُرَةُ الْوَلَدِ تَحْتَ كُرْسِيِّ كَمالٍ.

(٤) أَدَرَّاجَةُ الدُّكْتُورِ تِلْكَ؟ لا، هِيَ دَرَّاجَةُ الْمُهَنْدِسِ.

(٥) ما ٱسْمُ الْمُمَرِّضِ وَأَيْنَ بَيْتُهُ؟ ٱسْمُهُ شَهْنَوازُ وَبَيْتُهُ هُناكَ.

(٦) ما شاءَ اللهُ! ٱبْنِي إِمامٌ فِي مَسْجِدٍ فِي الْعِراقِ.

(٦) أَخَرَجَتْ سُعادُ مِنْ بَيْتِ الْمُدَرِّسَةِ؟ نَعَمْ، خَرَجَتْ.

(٧) خَلْفَ مَدْرَسَةِ عَبّاسٍ بَيْتٌ كَبيرٌ، وَأَمامَها سُوقٌ صَغيرَةٌ.

(٨) هٰذا دُكّانٌ. أَخُو كَمالٍ أَمامَهُ الْآنَ.

(٩) جَلَسَ أَبُو بِلالٍ خَلْفَ مَكْتَبِ الْمُمَرِّضِ.

(١٠) أَيْنَ بِنْتُ عَلِيٍّ؟ أَفِي الْغُرْفَةِ هِيَ؟ لا، هِيَ فِي الْمِرْحاضِ.

(١١) صَحِّحِ (صَحِّحِي) الْجُمَلَ الْآتِيَةَ :

(١) الْكُرَةُ هِشامٍ كَبيرَةٌ. ____________________

(٢) مِنْدِيلُ التِّلْمِيذِ فِي حَقِيبَةُ جَمالٍ. ____________________

(٣) إِبْراهِيمُ أَمامَ الْمَدْرَسَةُ. ____________________

(٤) يا مُحَمَّدُ، دَرّاجَةُ مَنْ تِلْكَ؟ ____________________

(٥) أَيْنَ الْقِطُّ؟ هُوَ تَحْتَ الْمَكْتَبُ. ____________________

(٦) جَلَسَتْ كَمالٌ هُناكَ. ____________________

(٧) أَبُ حامِدٍ مُهَنْدِسٌ. ____________________

(٨) اَسْمِي إِسْماعِيلُ. أَنا دُكْتُورَةٌ. ____________________

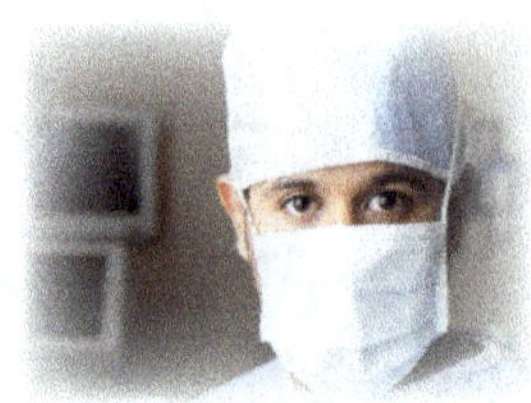

(١٢) يَسْأَلُ كُلٌّ زَمِيلَهُ :"يا ــــــــ ما هٰذا؟ / ما هٰذِهِ؟"

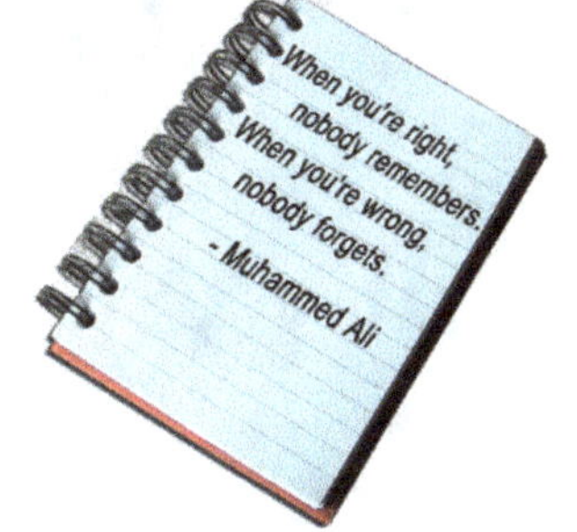

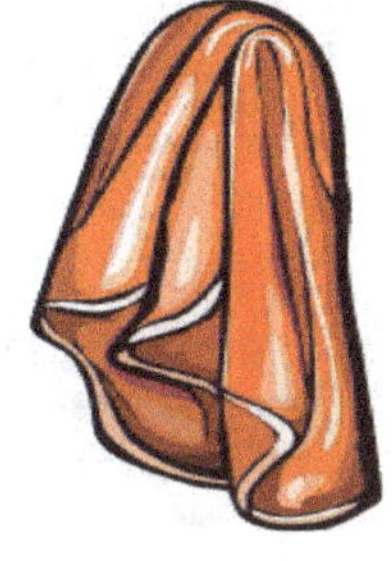

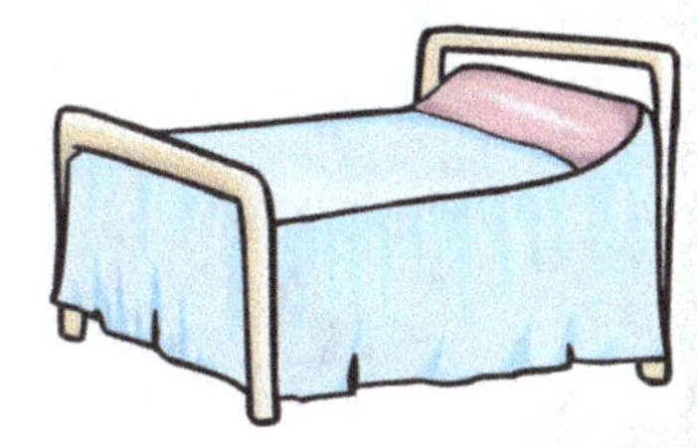

(١٣) يَسْأَلُ كُلٌّ زَمِيلَهُ :"يا ــــــــ مَنْ هٰذا؟ / مَنْ هٰذِهِ؟"

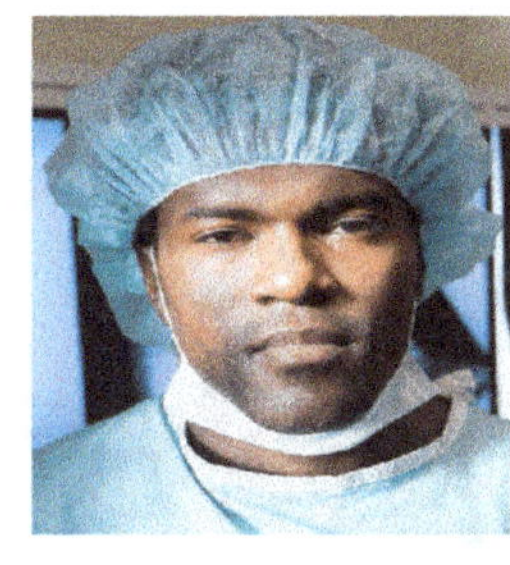

(٧) الدَّرْسُ السَّابِعُ

هٰذا مُدَرِّسٌ.

هٰذا الْمُدَرِّسُ مِنَ الْهِنْدِ.

ذٰلِكَ مُهَنْدِسٌ. ذٰلِكَ الْمُهَنْدِسُ مِنَ الْيَمَنِ.

هٰذا طَبِيبٌ. هٰذا الطَّبِيبُ مِنَ الْعِراقِ.

وَهٰذا مُدَرِّسٌ. الْمُدَرِّسُ مِنَ الْهِنْدِ.

مِنْ أَيْنَ هٰذا الطّالِبُ؟ هُوَ مِنَ السُّودانِ.

أَمِنَ الْكُوَيْتِ هٰذِهِ السّاعَةُ؟ هِيَ جَمِيلَةٌ جِدًّا.

لا، هِيَ مِنَ الْيابانِ.

تِلْكَ الطّالِبَةُ، مِنْ أَيْنَ أَبُوها؟ أَبُوها مِنَ السُّودانِ.

(١) أَجِبْ (أَجِيبِي) عَنِ الأَسْئِلَةِ الآتِيَةِ [الأَجْوِبَةُ مِنَ النَّصِّ] :

(١) مِنْ أَيْنَ ذٰلِكَ الْمُهَنْدِسُ؟ ______

(٢) مِنْ أَيْنَ الْمُدَرِّسُ؟ ______

(٣) السَّاعَةُ، أَمِنَ الْهِنْدِ هِيَ؟ ______

(٤) الطَّبِيبُ، أَمِنَ السُّودَانِ هُوَ؟ ______

(٥) مِنْ أَيْنَ أَبُو الطَّالِبَةِ؟ ______

(أ)

ذٰلِكَ مُهَنْدِسٌ. ← ذٰلِكَ الْمُهَنْدِسُ مِنَ الْهِنْدِ.

(٢) كَوِّنْ (كَوِّنِي) جُمَلاً كَما هُنا :

(١) هٰذا إِمامٌ. ______ (الْهِنْدُ)

(٢) ذٰلِكَ مُمَرِّضٌ. ______ (الْيَمَنُ)

(٣) هٰذِهِ طالِبَةٌ. ______ (الْعِراقُ)

(٤) تِلْكَ سَيّارَةٌ. ______ (الْيابانُ)

(ب)

الْمُدَرِّسَةُ فِي الْمِرْحاضِ.

(٣) كَوِّنْ (كَوِّنِي) جُمَلاً كَما هُنا :

(١) ________________ (مِنْدِيلُ/حَقِيبَةُ)

(٢) ________________ (ساعَةُ/دُكَّانُ)

(٣) ________________ (غُرْفَةُ/بَيْتُ)

(٤) ________________ (تِلْمِيذُ/مَدْرَسَةُ)

(ج)

الْكِتابُ عَلَى الْمَكْتَبِ.

(٤) كَوِّنْ (كَوِّنِي) جُمَلاً كَما هُنا :

(١) ________________ (مُمَرِّضُ/كُرْسِيُّ)

(٢) ________________ (دَفْتَرُ/كِتابُ)

(٣) ________________ (سَمَكُ/مَكْتَبُ)

(٤) ________________ (كُرَةُ/سَرِيرُ)

(د)

الْمُمَرِّضَةُ خَلْفَ الدُّكّانِ.

(٥) كَوِّنْ (كَوِّنِي) جُمَلاً كَما هُنا :

(١) ____________________ (قِطٌّ/تَحْتَ/كُرْسِيٌّ)

(٢) ____________________ (مِرْحاضٌ/أَمامَ/غُرْفَةٌ)

(٣) ____________________ (طَبِيبَةٌ/خَلْفَ/سُوقٌ)

(٦) اِقْرَأْ (اِقْرَئِي) ما يَلِي :

(١) مِنْ أَيْنَ تِلْكَ الْمُدَرِّسَةُ؟ هِيَ مِنَ الْعِراقِ.

(٢) يا خَدِيجَةُ، هٰذا الْقِطُّ مَرِيضٌ. هُوَ الْآنَ أَمامَ الْبَيْتِ.

(٣) ما ذٰلِكَ؟ ذٰلِكَ ماءٌ. أَبارِدٌ هُوَ؟ نَعَمْ، هُوَ بارِدٌ جِدًّا.

(٤) مِنْ أَيْنَ هٰذا التّاجِرُ؟ أَمِنَ الْهِنْدِ هُوَ؟ لا، هُوَ مِنَ الْيَمَنِ.

(٥) هٰذا الْمُهَنْدِسُ مُسْلِمٌ. اِسْمُهُ هِشامٌ، وَهُوَ مِنَ الْكُوَيْتِ.
اِبْنُهُ اِسْمُهُ حامِدٌ. حامِدٌ أَمامَ الْمِرْحاضِ الْآنَ.

(٦) أَيْنَ إِبْراهِيمُ؟ خَرَجَ. أَيْنَ ذَهَبَ؟ ذَهَبَ إِلَى السُّوقِ.

(٧) يا سُعادُ، دَفْتَرُ جَمالٍ هُنا. اُنْظُرِي.

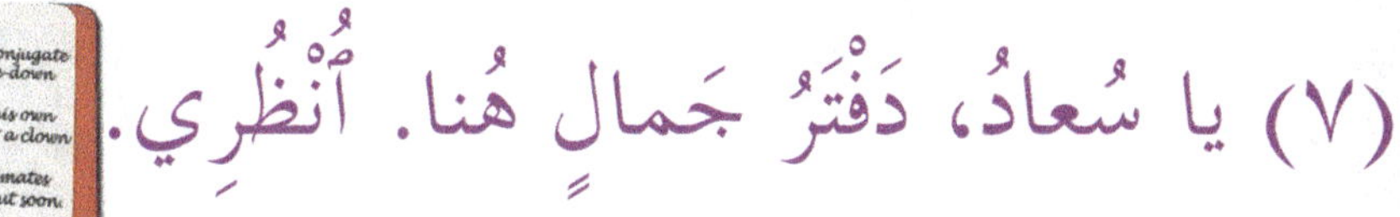

(٨) أَخُو الدُّكْتُورَةِ هُناكَ. هُوَ خَلْفَ الدُّكّانِ.

(٩) أَمِنَ الْيَمَنِ هٰذا الْإِمامُ؟ لا، هُوَ مِنَ السُّودانِ.

(١٠) ساعَةُ كَمالٍ فِي الْحَقِيبَةِ. هِيَ جَمِيلَةٌ جِدًّا.

(١١) أَيْنَ الْحَقِيبَةُ؟ الْحَقِيبَةُ عَلَىٰ سَرِيرِ هِشامٍ.

(١٢) الطَّبِيبُ مِنَ الْيابانِ، وَالْمُمَرِّضُ مِنَ الْيابانِ كَذٰلِكَ.

(١٣) غُرْفَةُ خالِدٍ أَمامَ الْمِرْحاضِ.

(١٤) الْمُهَنْدِسُ تَحْتَ السَّيّارَةِ.

(١٥) أَفِي الْبَيْتِ بِلالٌ الْآنَ؟ لا، هُوَ فِي الْمَدْرَسَةِ.

(٧) صَحِّحِ (صَحِّحِي) الْجُمَلَ الْآتِيَةَ :

(١) أَخُو عَبّاسٍ فِي غُرْفَةُ حامِدٍ. ____________________

(٢) مِنْ أَيْنَ هٰذِهِ الطّالِبَةُ؟ هُوَ مِنَ الْعِراقِ. ____________________

(٣) جَلَسَ أَبُو عَلِيٍّ خَلْفَ مَكْتَبِ الْمُدَرِّسُ. ____________________

(٤) ساعَتِي عَلَىٰ السَّرِيرُ. أَيْنَ ساعَتُكَ؟ ____________________

(٥) لِماذا بابُ الْبَيْتَ هُناكَ؟ ____________________

(٦) إِسْمِي إِسْماعِيلُ. أَنا مِنَ الْكُوَيْتِ. ____________________

(٨) كَوِّنْ (كَوِّنِي) أَسْئِلَةً وَأَجْوِبَةً مُسْتَعْمِلاً (مُسْتَعْمِلَةً) «فِي» أَوْ «عَلَىٰ» أَوْ «أَمامَ» أَوْ «خَلْفَ» أَوْ «تَحْتَ» كَما فِي الْمِثالِ :

- أَيْنَ الْكِتابُ؟ الْكِتابُ فِي الْحَقِيبَةِ.

(١) ____________؟ ____________

(٢) ____________؟ ____________

(٣) ____________؟ ____________

(٤) ____________؟ ____________

(٥) ____________؟ ____________

(٩) لَوِّنْ (لَوِّنِي) هٰذِهِ الصُّورَةَ :

(٨) الدَّرْسُ الثَّامِنُ

هشامٌ : لِهشامٍ　　الْمدرّسُ : لِلْمدرّسِ　　مَنْ : لِمَنْ

أنتَ : لَكَ　أنتِ : لَكِ　هُوَ : لَهُ　هِيَ : لَها　أَنا : لِي

- لِمَنْ هٰذا الْكِتابُ؟
- هُوَ لِبِلالٍ.

- وَلِمَنْ هٰذا الْقَلَمُ؟
- هُوَ لِلْمُدَرِّسِ.

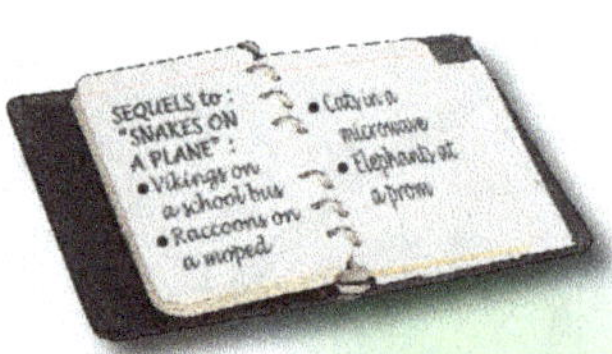

- لِمَنْ ذٰلِكَ الدَّفْتَرُ؟
- ما أَدْرِي. أَظُنُّ أَنَّهُ لِمُحَمَّدٍ.
- لِمَنْ هٰذِهِ السّاعَةُ؟
- ما أَدْرِي. أَظُنُّ أَنَّها لِجَمالٍ.

- أَتِلْكَ الدَّرّاجَةُ لَكَ يا عَبّاسُ؟

❋ نَعَمْ، هِيَ لِي.

❋ أَهٰذا الْقِطُّ لَكِ يا آمِنَةُ؟

❋ لا، هُوَ لِأُخْتِي. لَها هٰذا الْقِطُّ وَقِطٌّ آخَرُ.

❋ أَلَكِ أَخٌ يا آمِنَةُ؟

❋ لا، ما لِي أَخٌ. لِي أُخْتٌ.

(١) أَجِبْ (أَجِيبِي) عَنِ الْأَسْئِلَةِ الْآتِيَةِ عَلَىٰ غِرارِ الْمِثالِ :

● لِمَنْ هٰذا الْـ ...؟ هُوَ لِكَمالٍ. (كَمالٌ)

(١) لِمَنْ هٰذا الْـ ...؟ ______________ (جَمالٌ)

(٢) لِمَنْ هٰذِهِ الـ ...؟ ______________ (الْمُهَنْدِسُ)*

(٣) لِمَنْ ذٰلِكَ الْـ ...؟ ______________ (هِشامٌ)

(٤) لِمَنْ تِلْكَ الـ ...؟ ______________ (الْإِمامُ)

(٥) لِمَنْ هٰذا الْـ ...؟ ______________ (عَبّاسٌ)

(٦) لِمَنْ هٰذِهِ الْـ ...؟ ______________ (الْوَلَدُ)

* لِ + الْ ← لِلْـ [لِ + الْمُهَنْدِسُ ← لِلْمُهَنْدِسِ]

(٢) ٱقْرَأْ (ٱقْرَئِي) ما يَلِي :

(١) لِي أَخٌ وَأُخْتٌ. ٱسْمُ الْأَخِ إِسْماعِيلُ، وَٱسْمُ الْأُخْتِ سُعادُ.

(٢) يا هِشامُ، أَلَكَ أُخْتٌ؟ لا، ما لِي أُخْتٌ. لِي أَخٌ.

(٣) هٰذا الدَّفْتَرُ لِحامِدٍ، وَهٰذا لِبِلالٍ، وَهٰذا لِٱبْنِ الْمُهَنْدِسِ.

(٤) أَلَكَ بِنْتٌ يا خالِدُ؟ لا، ما لِي بِنْتٌ وَلا ٱبْنٌ.

(٥) يا جَمالُ، ما ٱسْمُ الْوَلَدِ؟ ما أَدْرِي ما ٱسْمُهُ.

(٦) الصَّلاةُ لِلّٰهِ. [لِ + اللّٰهُ ← لِلّٰهِ]

(٣) تَأَمَّلْ (تَأَمَّلِي) الْكَلِمَةَ «ما» فِيما يَلِي :

(١) لِي أَخٌ. ما لِي أَخٌ.

(٢) حامِدٌ، لَهُ بِنْتٌ. حامِدٌ، ما لَهُ بِنْتٌ.

(٣) فاطِمَةُ، لَها أَخٌ صَغِيرٌ. فاطِمَةُ، ما لَها أَخٌ صَغِيرٌ.

(٤) أَلَكَ أَخٌ؟ نَعَمْ، لِي أَخٌ. أَلَكَ أَخٌ؟ لا، ما لِي أَخٌ.

(٥) لِتِلْكَ التِّلْمِيذَةِ أَخٌ وَأُخْتٌ. ما لَها أَخٌ وَلا أُخْتٌ.

(٦) لِمُحَمَّدٍ صَدِيقٌ. ما لِمُحَمَّدٍ صَدِيقٌ.

(٤) أَجِبْ (أَجِيبِي) عَنْ كُلِّ سُؤَالٍ مِمَّا يَلِي بِـ«ما» :

(١) أَلَـكَ (لَـكِ) أُخْتٌ؟

(٢) أَلِـلْإِمام بِنْتٌ؟

(٣) كَمالٌ، أَلَـهُ صَدِيقٌ؟

(٤) فاطِمَةُ، أَلَـها صَدِيقَةٌ؟

(٥) يا أُسْتاذُ، أَلَكَ أَخٌ؟

(٦) أَلِلْمُمَرِّضَةِ بِنْتٌ وَٱبْنٌ؟

(٥) تَأَمَّلِ (تَأَمَّلِي) الْكَلِمَةَ «آخَرُ» فِيما يَلِي :

(١) هٰـذا مَكْتَبِي، وَلِي مَكْتَبٌ آخَـرُ فِي تِلْكَ الْغُرْفَةِ.

(٢) هٰـذا بابُ الْمَسْجِدِ. ما لِلْمَسْجِدِ بابٌ آخَـرُ.

(٣) لِي كُرْسِيٌّ جَدِيدٌ، وَآخَـرُ قَدِيـمٌ.

(٤) جَمالٌ أَخِي، وَلِي أَخٌ آخَـرُ ٱسْمُـهُ حامِدٌ.

(٥) أَمامَ الْحَقِيبَةِ كِتابٌ لِي، وَكِتابٌ آخَرُ ما أَدْرِي لِمَنْ هُوَ.

(٦) يا مَرْيَمُ، لَكِ دَفْتَرٌ هُنا، وَدَفْتَرٌ آخَرُ هُناكَ تَحْتَ السَّرِيـرِ. لِماذا؟

(٦) تَأَمَّلْ (تَأَمَّلِي) ما يَلِي :

أَنَّ + هُـوَ ← أَنَّـهُ		أَنَّ + هِيَ ← أَنَّـها	
أَنَّ + أَنْتَ ← أَنَّـكَ		أَنَّ + أَنـا ← أَنَّـنِي	

(١) أَظُنُّ أَنَّكَ مِنَ الْيَمَنِ. لا، أنا مِنَ الْكُوَيْتِ.

(٢) مِنْ أَيْنَ فاطِمَةُ؟ أَمِنَ الْعِراقِ هِيَ؟ أَظُنُّ أَنَّها مِنَ الْهِنْدِ.

(٣) يا أُمِّي، أَظُنُّ أَنَّـنِي مَرِيـضٌ.

(٤) ذٰلِكَ الطَّالِبُ قَدِيـمٌ. أَظُـنُّ أَنَّـهُ مِنَ الْيَمَنِ.*

(٥) زَيْـنَـبُ، بِنْتُ مَنْ هِيَ؟ أَظُنُّ أَنَّـها بِنْتُ التَّاجِرِ.

(٦) يا خَدِيـجَةُ، أَظُـنُّ أَنَّـكِ مِنَ السُّودانِ.

(٧) أَذَهَبَ وَلِيَمُ إِلَى الدُّكّانِ الْيَوْمَ؟ أَظُنُّ أَنَّـهُ ذَهَبَ أَمْسِ.

(٨) أَمُغْلَقٌ بابُ الْبَيْتِ؟ ما أَدْرِي. أَظُنُّ أَنَّـهُ مَفْتُوحٌ.

(٩) أَظُنُّ أَنَّنِي مَرِيضَةٌ يا أَبِي.

(١٠) اُنْـظُـرْ يا إِبْراهِيمُ، هُناكَ دَرّاجَةٌ. أَظُنُّ أَنَّها دَرّاجَتُـكَ.

(١١) أَظُنُّ أَنَّكِ بِنْتُ الطَّبِيـبَةِ. أَبِنْتُ الطَّبِيـبَةِ أَنْتِ؟ نَعَمْ.

---

*نُطْقُـهُ : أَظُنُّ أَنَّـهُـو مِن...

(٧) اِمْلَأْ (اِمْلَئِي) كُلَّ فَراغٍ فِيما يَلِي بِالْكَلِمَةِ الْمُناسِبَةِ :

آخَرُ ◦ ماذا ◦ مَتَىٰ ◦ أَمْسِ ◦ ٱسْمُها ◦ ٱسْمُهُ ◦ أَظُنُّ ◦ مُغْلَقَةٌ

(١) ______ عَلَىٰ الْمَكْتَبِ؟ الْكِتابُ عَلَىٰ الْمَكْتَبِ.

(٢) يا أُسْتاذُ، ما ٱسْمُ تِلْكَ الطَّالِبَةِ؟ ______ فاطِمَةُ.

(٣) فِي غُرْفَتِي قَلَمٌ مِنَ الْفِلِبِّينِ، وَقَلَمٌ ______ مِنْ مالِيزِيا.

(٤) يا عَبّاسُ، مَتَىٰ ذَهَبْتَ إِلَىٰ السُّوقِ؟ ذَهَبْتُ ______.

(٥) ______ ذَهَبَ أَبُوكَ إِلَىٰ الْهِنْدِ؟ ذَهَبَ الْيَوْمَ.

(٦) هٰذِهِ الْغُرْفَةُ مَفْتُوحَةٌ، وَتِلْكَ ______.

(٧) ذٰلِكَ الدُّكْتُورُ، ما ______، وَمِنْ أَيْنَ هُوَ؟ ٱسْمُهُ عَلِيٌّ، وَما أَدْرِي مِنْ أَيْنَ هُوَ.

(٨) يا أَبِي، مَنْ هُناكَ؟ ما أَدْرِي. ______ أَنَّها زَيْنَبُ.

(٨) يَسْأَلُ كُلٌّ زَمِيلَهُ :"يا ______ ما هٰذا؟ / ما هٰذِهِ؟ / مَنْ هٰذا؟"

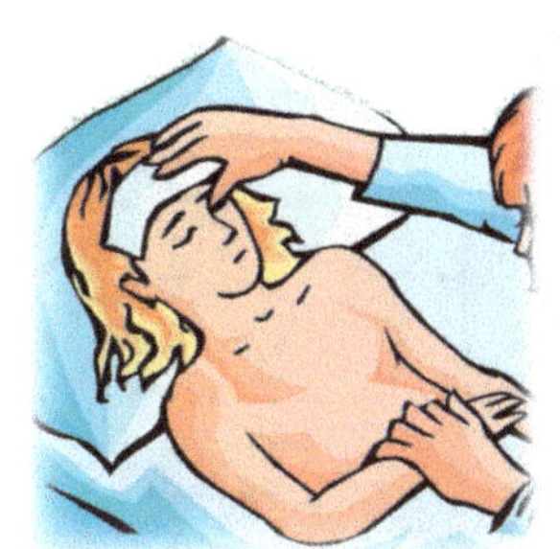

(٩) الدَّرْسُ التَّاسِعُ

فِي ذٰلِكَ البيتِ ◦ تَحْتَ تلك السّيّارَةِ ◦ دَفْتَرُ هٰذا التِّلْميذِ

(١) أَخَرَجَتْ سُعادُ مِنْ ذٰلِكَ الْبَيْتِ؟ لا، ما خَرَجَتْ.

(٢) أَيْنَ كِتابُ هِشامٍ؟ هُوَ فِي تِلْكَ الْحَقِيبَةِ.

(٣) يا كَمالُ، بَيْتِي خَلْفَ هٰذِهِ السُّوقِ. اُنْظُرْ.

(٤) هٰذا الدَّفْتَرُ لِذٰلِكَ التِّلْمِيذِ، وَهٰذا الدَّفْتَرُ لِتِلْكَ التِّلْمِيذَةِ.

(٥) أَيْنَ حَقِيبَةُ عَلِيٍّ؟ هِيَ تَحْتَ ذٰلِكَ السَّرِيرِ.

(٦) أَبُو هٰذا الطّالِبِ اسْمُهُ إِبْراهِيمُ. هُوَ إِمامُ هٰذا الْمَسْجِدِ، وَأَخُوهُ مُدَرِّسٌ فِي تِلْكَ الْمَدْرَسَةِ.

(٧) أَيْنَ جَلَسْتِ فِي الْمَسْجِدِ يا أُخْتِي؟ جَلَسْتُ أَمامَ ذٰلِكَ الْبابِ.

(٨) لِمَنْ هٰذا الْمِفْتاحُ؟ أَظُنُّ أَنَّهُ لِتِلْكَ الطَّبِيبَةِ.

(٩) حامِدٌ الْآنَ فِي بَيْتِ بِلالٍ، وَمُحَمَّدٌ فِي دُكّانِ جَمالٍ.

(١٠) أَذَهَبْتَ إِلَى مَلْعَبِ عَبّاسٍ يا شَهْنَوازُ؟ نَعَمْ.

(١١) مَكْتَبُ هٰذا الدُّكْتُورِ هُناكَ فِي تِلْكَ الْغُرْفَةِ. اُنْظُرِي.

(١٢) أَيْنَ سَيّارَتُكَ يا هِشامُ؟ هِيَ تَحْتَ تِلْكَ الشَّجَرَةِ.

(١٣) جَلَسْتُ عَلَىٰ ذٰلِكَ الْكُرْسِيِّ أَمامَ أُمِّ حامِدٍ.

(١) اِقْرَأْ (اِقْرَئِي) ما يَلِي*:

ذَهَبَ / ذَهَبْتَ / ذَهَبْتَ / ذَهَبْتِ / ذَهَبْتُ =
إِلَىٰ =

(١) أَيْنَ خالِدٌ؟ أَظُنُّ أَنَّهُ ....

(٢) أَ.... .... يا مَرْيَمُ؟ لا.

(٣) أَخِي .... ، وَ.... أُخْتِي .... كَذٰلِكَ.

(٤) يا كَمالُ، أَ.... .... أَمْسِ؟

(٥) أَنا ما .... الْيَوْمَ. أَنا مَرِيضٌ!

(٦) يا أَبِي، أَ.... .... زَيْنَبُ؟ نَعَمْ.

(٧) إِسْماعِيلُ ....

---

* يَكْتُبُ الطُّلّابُ وَالطّالِباتُ عِدَّةً مِنْ هٰذِهِ الْجُمَلِ فِي آخِرِ الْكِتابِ.

(٢) كَوِّنْ (كَوِّني) أَسْئِلَةً وَأَجْوِبَةً فِيما يَلِي مُسْتَعْمِلاً (مُسْتَعْمِلَةً)

"ما أَدْرِي. أَظُنُّ أَنَّهُ لِـ..." أَوْ "ما أَدْرِي. أَظُنُّ أَنَّها لِـ..."

• لِمَنْ هٰذا الْـ ؟ ما أَدْرِي. أَظُنُّ أَنَّهُ لِمُحَمَّدٍ.

(١) ______ ______ (خالِدٌ)

(٢) ______ ______ (كَمالٌ)

(٣) ______ ______ (التِّلْمِيذَةُ)

(٤) ______ ______ (بِلالٌ)

(٥) ______ ______ (الْمُدَرِّسُ)

(٦) ______ ______ (الْوَلَدُ)

(٣) صَحِّحْ (صَحِّحِي) الْجُمَلَ الْآتِيَةَ :

(١) هٰذا الدَّفْتَرُ لِلْمُهَنْدِسُ. ______

(٢) لِمَنِ الْحَقِيبَةُ؟ أَظُنُّ أَنَّهُ لِهِشامٍ. ______

(٣) الْمِفْتاحُ تَحْتَ تِلْكَ الْكُرَةُ. ______

(٤) أَيْنَ زَيْنَبُ؟ ذَهَبَ إِلَى الْفِلِبِّينِ. ______

(٥) يا أُمِّي، أَيْنَ أَخِي؟ خَرَجَتْ. ______

(٤) اِقْرَأْ (اِقْرَئِي) ما يَلِي* :

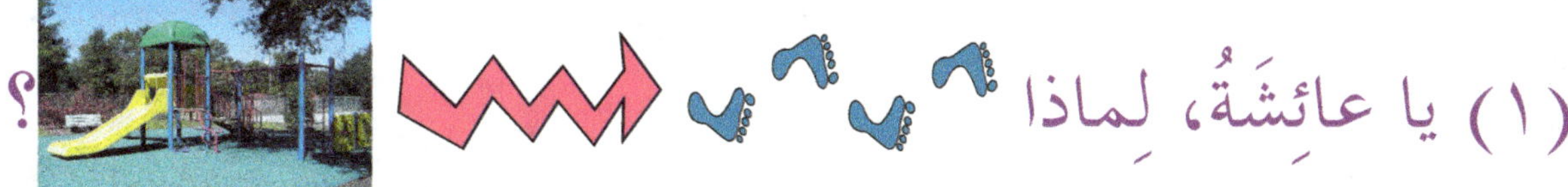

= خَرَجَ/ خَرَجْتْ/ خَرَجْتَ/ خَرَجْتِ/ خَرَجْتُ

= مِن

(١) يا عائِشَةُ، لِماذا ؟

(٢) أَيْنَ بِنْتِي أَمْسِ؟

ما أَدْرِي. أَظُنُّ أَنَّها .

(٣) يا آمِنَةُ، أَيْنَ كَمالٌ؟ أَظُنُّ أَنَّهُ

، وَما أَدْرِي أَيْنَ .

(٤) يا شَهْنَوازُ، لِماذا ؟

(٥) أَخِي حامِدٌ وَ

لِصَلاةِ الْمَغْرِبِ.

(٦) أَنا ما الْيَوْمَ .

أَنا وَما !

(٧) يا إِبْراهِيمُ، أَ ؟ لِماذا؟

---

* يَكْتُبُ الطُّلاّبُ وَالطّالِباتُ عِدَّةً مِنْ هٰذِهِ الْجُمَلِ في آخِرِ الْكِتابِ.

(١٠) الدَّرْسُ الْعَاشِرُ

- السَّلامُ علَيْكُمْ.
- وَعَلَيْكُمُ السَّلامُ وَرَحْمَةُ اللهِ. أَهْلًا وَسَهْلًا وَمَرْحَبًا.
- كَيْفَ حالُكَ يا شَيْخُ؟
- أَنا بِخَيْرٍ وَالْحَمْدُ لِلهِ. مَنْ أَنْتَ يا أَخِي؟
- أَنا ٱبْنُ الشَّيْخِ هِشامٍ. ٱسْمِي عَبّاسُ.
- مَرْحَبًا بِكَ يا عَبّاسُ. الشَّيْخُ هِشامُ، كَيْفَ حالُهُ؟
- هُوَ بِخَيْرٍ وَالْحَمْدُ لِلهِ.
- أَيْنَ هُوَ الْآنَ؟
- ذَهَبَ إِلَى الْيَمَنِ أَمْسِ.
- مَعَ مَنْ ذَهَبَ؟
- ذَهَبَ مَعَ الْمُهَنْدِسِ بِلالٍ. يا شَيْخُ، عِنْدِي رِسالَةٌ لَكَ مِنْ أَبِي.

* هاتِ. وَمِنْ أَيْنَ لَكَ هٰذا الْمُصْحَفُ الْجَمِيلُ الَّذِي عِنْدَكَ؟
* هُوَ مِنَ الْمَدِينَةِ الْمُنَوَّرَةِ، وَهُوَ هَدِيَّةٌ لَكَ مِنْ أَبِي.
* ما شاءَ اللهُ. ما أَجْمَلَ هٰذِهِ الْهَدِيَّةَ! قُلْ لَهُ: أَنا مَسْرُورٌ جِدًّا بِهٰذِهِ الْهَدِيَّةِ. يا عَبَّاسُ، هٰذا أَذانُ الْمَغْرِبِ.

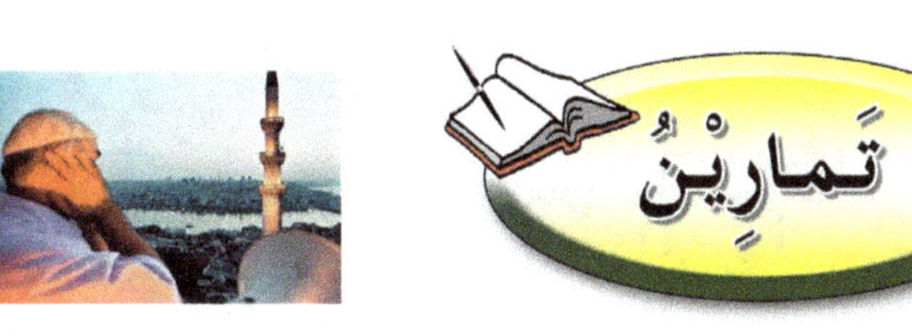

(١) أَجِبْ (أَجِيبِي) عَنِ الْأَسْئِلَةِ الْآتِيَةِ [الْأَجْوِبَةُ مِنَ النَّصِّ]:

(١) مَنْ عَبّاسٌ؟ ____________________

(٢) أَيْنَ ذَهَبَ أَبُو عَبّاسٍ؟ ____________________

(٣) وَمَتَىٰ ذَهَبَ؟ ____________________

(٤) وَمَعَ مَنْ ذَهَبَ؟ ____________________

(٥) مِنْ أَيْنَ الْمُصْحَفُ الَّذِي عِنْدَ عَبّاسٍ؟ ____________________

(٦) مَنْ ذَهَبَ إِلَىٰ الْيَمَنِ؟ ____________________

(٧) الْمُصْحَفُ، أَمِنَ الْعِراقِ هُوَ؟ ____________________

(٢) تَأَمَّلِ (تَأَمَّلِي) الْكَلِمَةَ «الَّذِي» فِيما يَلِي :

(٣) اِقْرَأْ (اِقْرَئِي) ما يَلِي :

(١) [الْقِطُّ مَرِيضٌ.] الْقِطُّ الَّذِي تَحْتَ السَّرِيرِ مَرِيضٌ.

(٢) [الدَّفْتَرُ لِجَمالٍ.] الدَّفْتَرُ الَّذِي عَلَىٰ الْمَكْتَبِ لِجَمالٍ.

(٣) [الطّالِبُ أَخِي.] الطّالِبُ الَّذِي خَلْفَ سَيّارَةِ عَلِيٍّ أَخِي.

(٤) [لِمَنْ هٰذا الْقَلَمُ؟] لِمَنْ هٰذا الْقَلَمُ الَّذِي عَلَىٰ الْكُرْسِيِّ؟

(٥) [الْمَكْتَبُ مَكْسُورٌ.] الْمَكْتَبُ الَّذِي فِي غُرْفَتِي مَكْسُورٌ.

(٦) الْمُصْحَفُ الَّذِي عِنْدِي مِنَ الْمَدِينَةِ الْمُنَوَّرَةِ.

(٧) الْمُدَرِّسُ الَّذِي خَرَجَ مِنْ تِلْكَ الْمَدْرَسَةِ بَيْتُهُ كَبِيرٌ.

(٨) لِمَنْ ذٰلِكَ الْبَيْتُ الَّذِي أَمامَ الْمَسْجِدِ؟ أَظُنُّ أَنَّهُ لِلْإِمامِ.

(٩) الْمُمَرِّضُ الَّذِي جَلَسَ فِي الْكُرْسِيِّ جَدِيدٌ. اُنْظُرِي.

(٤) وَالْآنَ، كَوِّنْ (كَوِّنِي) جُمَلاً كَثِيرَةً كَما فِي الْمِثالِ* :

الْقِـــطُّ	الَّذِي تَحْتَ الْمَكْتَـــبِ	مَرِيضٌ.
الطَّالِـبُ	الَّذِي خَرَجَ مِنَ الْمِرْحاضِ	صَغِيرٌ.
الْمُدَرِّسُ	الَّذِي أَمامَ ذٰلِكَ الْبـــابِ	كَبِيـرٌ.
الْمُهَنْدِسُ	الَّذِي فِي غُـرْفَـةِ حامِـــدٍ	جَمِيلٌ.
الطَّبِيـــبُ	الَّذِي جَلَسَ خَلْفَ كَمالٍ	جَدِيدٌ.

(٥) تَأَمَّلْ (تَأَمَّلِي) الْكَلِمَةَ «قُلْ» فِيما يَلِي :

(١) يا عَبَّاسُ، قُلْ لِلطَّبِيبِ : أَظُنُّ أَنَّـنِي مَرِيضٌ.

(٢) قُلْ لِـهِشامٍ : أَنا فِي الْمِرْحاضِ.

(٣) يا وَلَدُ، قُلْ لِلْأُخْتِ : خُبْزُها عَلَى السَّرِيـرِ.

(٤) قُلْ لَهُ : خَرَجَ الْمُمَرِّضُ مِنَ الْبَيْتِ.

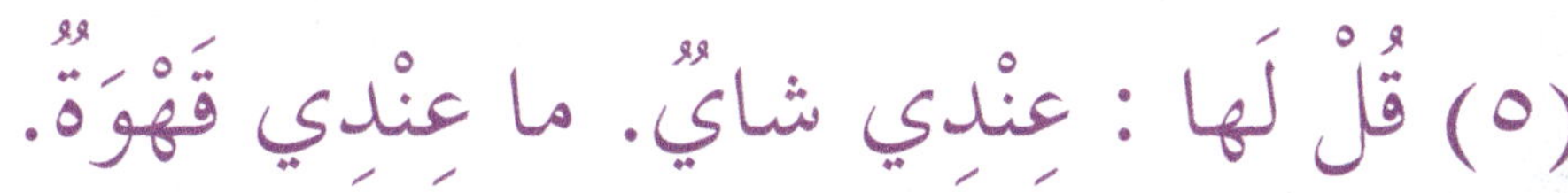

(٥) قُلْ لَها : عِنْدِي شايٌ. ما عِنْدِي قَهْوَةٌ.

(٦) يا مُهَنْدِسُ، قُلْ لِخالِـدٍ : الْماءُ بارِدٌ جِدًّا!

(٧) يا يَعْقُوبُ، قُلْ لِعَلِيٍّ : عِنْدِي رِسالَةٌ لَـهُ مِنْ أُمِّـهِ.

---

* يَكْتُبُ الطُّلَّابُ وَالطَّالِباتُ عِدَّةً مِنْ هٰذِهِ الْجُمَلِ فِي آخِرِ الْكِتابِ.

(٦) تَأَمَّلْ (تَأَمَّلِي) ما يَلِي، ثُمَّ ٱقْرَأْ (ٱقْرَئِي) الْجُمَلَ الَّتِي بَعْدَهُ* :

بِـلالٌ ← مَعَ بِلالٍ   الْإِمامُ ← مَعَ الْإِمامِ

أَنْـتَ ← مَـعَـكَ   أَنــا ← مَـعِـي

(١) مَنْ ذٰلِكَ الْوَلَدُ الَّذِي مَعَ الْمُدَرِّسِ يا كَمالُ؟ هُوَ ٱبْنُ أَخِي.

(٢) مَعَ مَنْ جَلَسَ الدُّكْـتُـورُ؟ جَلَسَ مَعَ عَبّاسٍ.

(٣) مَنْ مَعَكَ الْآنَ؟ إِبْراهِيمُ وَأَخُوهُ مَعِي. أَخُوهُ ٱسْمُهُ حامِدٌ.

(٤) الطَّبِيـبُ وَالْمُمَرِّضُ مَعَ الْإِمامِ فِي الْمَسْجِدِ.

(٥) يا عَلِيُّ، مَعَ مَنْ ذَهَبْتَ إِلَى السُّوقِ؟ ذَهَبْتُ مَعَ جَمالٍ.

(٦) مَعَ مَنْ جَلَسْتَ أَنْتَ؟ جَلَسْتُ مَعَ عارِفٍ. هُوَ مَسْرُورٌ.

(٧) مَعَ مَنْ خَرَجَتْ آمِنَةُ؟ خَرَجَتْ مَعَ بِلالٍ. بِلالٌ أَخُوها.

(٨) ذَهَبَ الْمُهَنْدِسُ مَعَ خالِدٍ إِلَى الْمَسْجِدِ لِصَلاةِ الْمَغْرِبِ.

(٩) هٰذا الْكِتابُ الَّذِي مَعِي الْآنَ لِمُحَمَّدٍ. هُوَ هَدِيَّةٌ.

(١٠) جَلَسَ مَعِي طالِبٌ قَدِيـمٌ، وَطالِبٌ آخَرُ جَدِيدٌ.

---

* لِيَتَساءَلِ الطُّلّابُ وَالطّالِباتُ :"يا ـــــــ، مَنْ مَعَ ــــــــ؟" وَيُجِيبُونَ.

(٧) تَأَمَّلْ (تَأَمَّلِي) ما يَلِي*، ثُمَّ ٱقْرَأْ (ٱقْرَئِي) الْجُمَلَ الَّتِي بَعْدَهُ**:

هِشامٌ ⟵	عِنْدَ هِشامٍ	أَنْتَ ⟵	عِنْدَكَ
هُوَ ⟵	عِنْدَهُ	أَنا ⟵	عِنْدِي

(١) أَعِنْدَكَ دَرّاجَةٌ يا طالِبُ؟ نَعَمْ، عِنْدِي دَرّاجَةٌ.

(٢) أَعِنْدَكِ قَلَمٌ يا سُعادُ؟ لا، ما عِنْدِي قَلَمٌ الْآنَ.

(٣) ما عِنْدِي مِفْتاحٌ لِهٰذِهِ الْغُرْفَةِ. أَعِنْدَكَ أَنْتَ يا إِدْوَرْدُ؟

(٤) مَنْ عِنْدَهُ دَفْتَرٌ جَدِيدٌ؟ يا خالِدُ، أَعِنْدَكَ دَفْتَرٌ جَدِيدٌ؟ لا.

(٥) أَعِنْدَ الْإِمامِ نَظّارَةٌ؟ نَعَمْ، عِنْدَهُ نَظّارَةٌ. هِيَ مِنَ الْيابانِ.

(٦) لِمَنِ الْهاتِفُ الَّذِي عِنْدَ الْمُدَرِّسِ؟ هُوَ لِجَمالٍ.

(٧) عِنْدَ بِلالٍ مُصْحَفٌ مِنَ الْيَمَنِ، وَمُصْحَفٌ آخَرُ مِنَ الْهِنْدِ.

(٨) ماذا عِنْدَكَ يا حامِدُ؟ عِنْدِي خُبْزٌ وَقَهْوَةٌ.

(٩) يا عَلِيُّ، أَعِنْدَكَ ساعَةٌ؟ نَعَمْ، عِنْدِي ساعَةٌ. هِيَ جَمِيلَةٌ.

(١٠) هٰذا الْأَذانُ مِنَ الْمَسْجِدِ الَّذِي فِي الْمَدِينَةِ.

---

* ✓ عِنْدِي كِتابٌ. ✓ لِيْ أَخٌ. ✗ عِنْدِي أَخٌ.

** لِيَتَساءَلِ الطُّلّابُ وَالطّالِباتُ: "أَعِنْدَكَ ______؟" وَيُجِيبُونَ بِالنَّفْيِ وَالْإِثْباتِ.

(٨) تَأَمَّلْ (تَأَمَّلِي) ما يَلِي، ثُمَّ أَكْمِلِ (أَكْمِلِي) الْجُمَلَ :

هاتِ الْقَلَمَ يا هِشامُ. هاتِي الْقَلَمَ يا مَرْيَمُ.

(١) هاتِي الْـ ـــــ يا ــــــــ. (٦) هاتِ الْـ ـــــ يا ــــــــ.

(٢) هاتِ الْـ ـــــ يا ــــــــ. (٧) هاتِ الْـ ـــــ يا ــــــــ.

(٣) هاتِي الْـ ـــــ يا ــــــــ. (٨) هاتِي الْـ ـــــ يا ــــــــ.

(٤) هاتِي الْـ ـــــ يا ــــــــ. (٩) هاتِ الْـ ـــــ يا ــــــــ.

(٥) هاتِي الْـ ـــــ يا ــــــــ، وَهاتِي الْـ ـــــ كَذٰلِكَ.

(٩) أَكْمِلْ (أَكْمِلِي) كُلَّ جُمْلَةٍ فِيما يَلِي عَلَىٰ غِرارِ الْمِثالِ :

● الْمِثالُ : ما أَجْمَلَ هٰذِهِ الْهَدِيَّةَ!*

(١) ________________________________

(٢) ________________________________

(٣) ________________________________

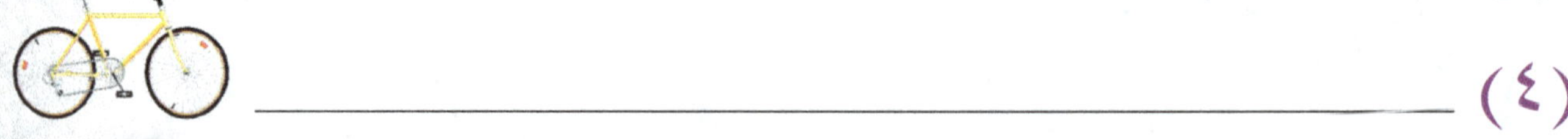

(٤) ________________________________

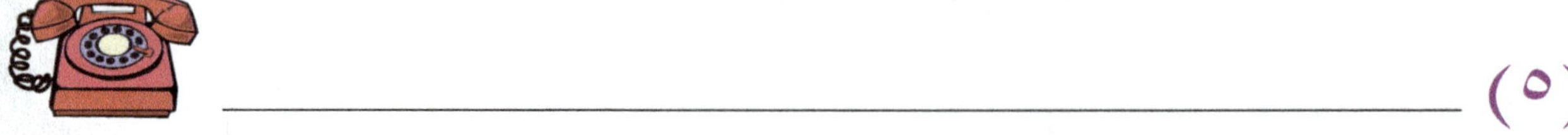

(٥) ________________________________

* يُنَبِّهُ الْمُدَرِّسُ الطُّلَّابَ وَالطّالِباتِ لِكِتابَةِ عَلامَةِ التَّأَثُّرِ (!).

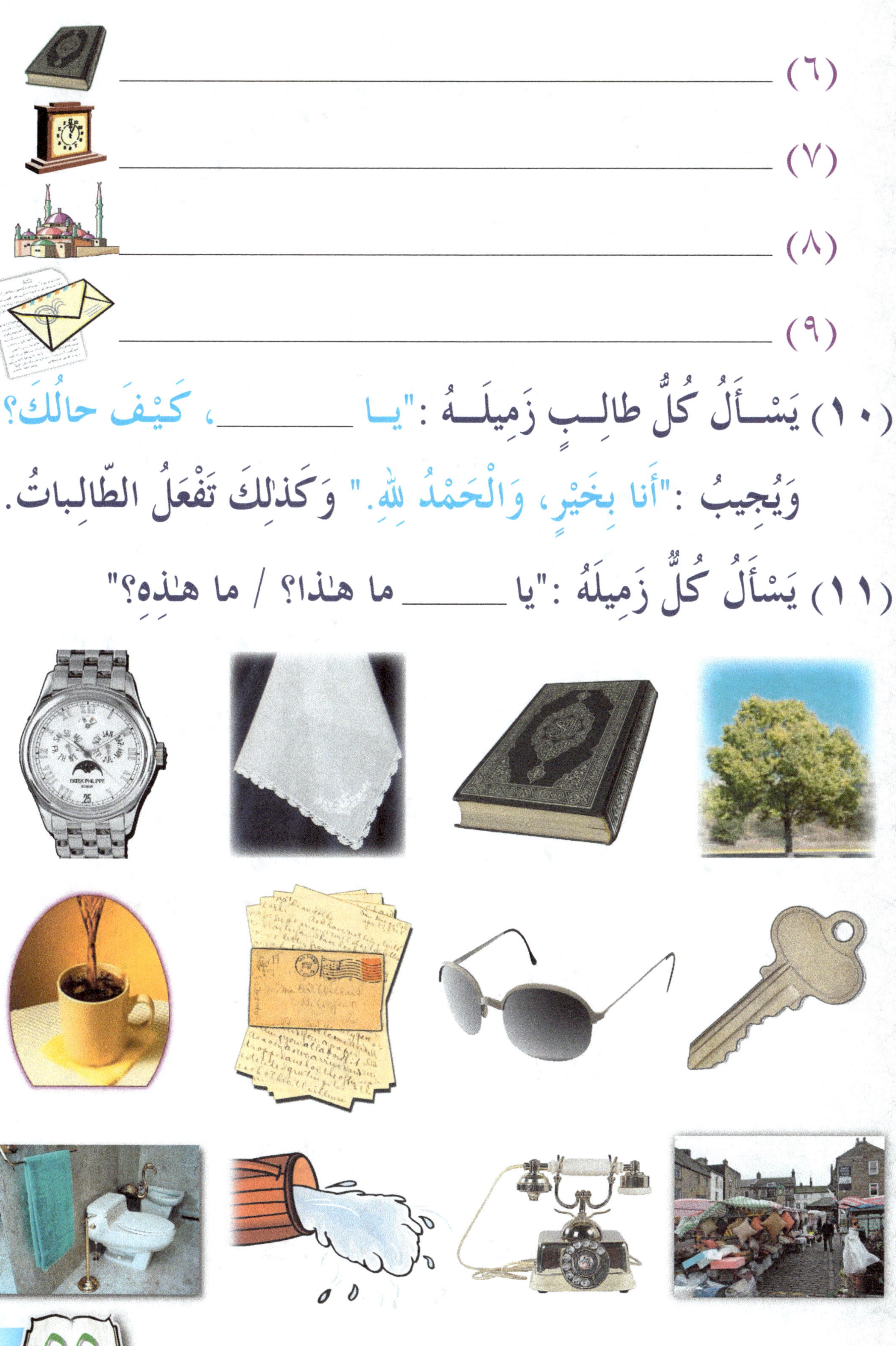

(٦) ________________

(٧) ________________

(٨) ________________

(٩) ________________

(١٠) يَسْـأَلُ كُلُّ طالِـبٍ زَمِيلَـهُ : "يـا ________ ، كَيْفَ حالُكَ؟"

وَيُجِيبُ : "أَنا بِخَيْرٍ، وَالْحَمْدُ لِلّٰهِ." وَكَذٰلِكَ تَفْعَلُ الطّالِباتُ.

(١١) يَسْأَلُ كُلُّ زَمِيلَهُ : "يا ______ ما هٰذا؟ / ما هٰذِهِ؟"

(١١) الدَّرْسُ الْحادِيَ عَشَرَ

كَمْ دَفْتَرًا؟

- كَمْ كِتابًا عِنْدَكَ يا إِبْراهِيمُ؟

- عِنْدِي كِتابانِ.
- وَكَمْ قَلَمًا عِنْدَكَ؟
- عِنْدِي قَلَمٌ واحِدٌ.
- وَكَمْ دَفْتَرًا عِنْدَكِ يا فاطِمَةُ؟

- عِنْدِي دَفْتَرانِ.
- وَكَمْ حَقِيبَةً عِنْدَكَ يا إِبْراهِيمُ؟
- عِنْدِي حَقِيبَةٌ واحِدَةٌ.
- وَكَمْ درّاجَةً عِنْدَكَ؟
- عِنْدِي درّاجتانِ. الدَّرّاجتانِ تَحْتَ تِلْكَ الشَّجَرَةِ.

كَمْ قلمًا؟ كَمْ مِفْتاحًا؟ كَمْ طالبةً؟

(١) اِقْرَأْ (اِقْرَئِي) ما يَلِي كَما فِي الْمِثالِ :

● الْمِثالُ : كَمْ كِتابًا؟

(١) كَمْ ________؟

(٢) كَمْ ________؟

(٣) كَمْ ________؟

(٤) كَمْ ________؟

(٥) كَمْ ________؟

(٦) كَمْ ________؟

(٧) كَمْ ________؟

(٨) كَمْ ________؟

(٢) اِقْرَأْ (اِقْرَئِي) ما يَلِي :

(١) كَمْ عِنْدَ هِشامٍ؟

(٢) كَمْ عَلَى السَّرِيرِ؟

(٣) كَمْ أَمامَ الْمَدْرَسَةِ؟

(٤) كَمْ فِي الْغُرْفَةِ؟

(٥) كَمْ لِبِنْتِ عَلِيٍّ؟

(٦) كَمْ هُناكَ؟

(٣) اِقْرَأْ (اِقْرَئِي) ما يَلِي :

(١) فِي حَقِيبَتِي كِتابانِ وَقَلَمانِ وَدَفْتَرانِ.

(٢) كَمْ سَيّارَةً عِنْدَ الشَّيْخِ عارِفٍ؟ الشَّيْخُ عِنْدَهُ سَيّارَتانِ.

(٣) هٰذا الْمَسْجِدُ لَهُ بابانِ. بابٌ هُنا، وَآخَرُ أَمامَ بَيْتِ الْإِمامِ.

(٤) لِي عَيْنانِ وَيَدانِ وَرِجْلانِ.*

(٥) كَمْ رِسالَةً مَعَكِ الْآنَ يا سُعادُ؟ مَعِي رِسالَتانِ.

(٦) أُخْتِي عائِشَةُ لَها بِنْتانِ وَابْنانِ.

(٧) كَمْ أَخًا لَكَ يا هِشامُ؟ لِي أَخَوانِ. [أَخٌ + أَخٌ ← أَخَوانِ]

(٨) فِي بَيْتِي الْآنَ مُدَرِّسَتانِ جَدِيدَتانِ. الْمُدَرِّسَتانِ مِنَ الْيَمَنِ.

(٩) كَمْ قِطًّا عِنْدَكِ يا آمِنَةُ؟ عِنْدِي قِطّانِ. ما عِنْدِي سَمَكٌ.

(١٠) تَحْتَ سَرِيرِ مُحَمَّدٍ مِنْدِيلانِ نَظِيفانِ.

(١١) مَرْيَمُ عِنْدَها مِفْتاحٌ واحِدٌ وَنَظّارَةٌ واحِدَةٌ.

(١٢) هٰذانِ طالِبانِ مَرِيضانِ. الطّالِبانِ مِنَ الْيابانِ.

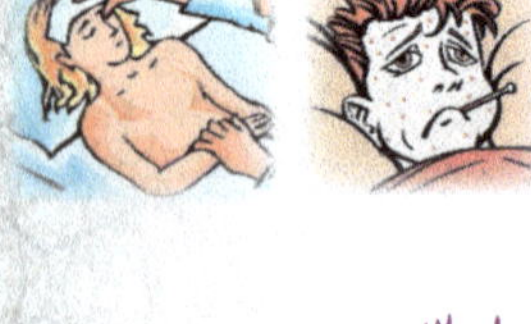

(١٣) عِنْدَ خالِدٍ مُصْحَفٌ مِنَ الْعِراقِ، وَآخَرُ مِنَ الْفِلِبِّينِ.

* ✓ لِي عَيْنانِ. / لِي أَخٌ. ✗ عِنْدِي عَيْنانِ. / عِنْدِي أَخٌ.

(٤) أَجِبْ (أَجِيبِي) عَنْ كُلِّ سُؤَالٍ بِحَسَبِ ما فِي الصُّورَةِ :

(١) يا ________ ، ماذا عِنْدَكَ؟

(٢) ماذا عِنْدَ عارِفٍ؟

(٣) كَمْ دَرَّاجَةً هُنا؟

(٤) ماذا عَلَىٰ مَكْتَبِ عَبَّاسٍ الْآنَ؟

(٥) ماذا مَعَ الْمُهَنْدِسِ جَمالٍ؟

(٦) يا إِدْوَرْدُ، كَمْ قِطًّا وَكُرَةً فِي غُرْفَتِكَ؟

(٧) كَمْ عَيْنًا وَيَدًا وَرِجْلاً لَكَ؟

(٨) ماذا فِي حَقِيبَةِ بِلالٍ؟

(٩) الْمُمَرِّضُ شَهْنَوازُ، ماذا عِنْدَهُ؟

(١٠) ما هاتانِ* يا أَخِي؟

(١١) يا ________ ، ماذا مَعَ كَمالٍ؟

* هٰذا ← هٰذانِ   هٰذِهِ ← هاتانِ

(٥) أَجِبْ (أَجِيبِي) عَنِ السُّؤَالِ "أَيْنَ الْخُبْزُ؟" مُسْتَعْمِلاً (مُسْتَعْمِلَةً) «فِي» أَوْ «عَلَىٰ» أَوْ «أَمامَ» أَوْ «خَلْفَ» أَوْ «تَحْتَ» :

● الْمِثالُ : أَيْنَ الْخُبْزُ؟ هُوَ عَلَىٰ الرِّسالَةِ.

(١) ________ ؟ ________

(٢) ________ ؟ ________

(٣) ________ ؟ ________

(٤) ________ ؟ ________

(٥) ________ ؟ ________

(٦) كَوِّنْ (كَوِّنِي) جُمَلاً كَما فِي الْمِثالِ* :

● يا أَخِي، أَعِنْدَكَ ؟ لا، ما عِنْدِي . عِنْدِي .

(١) يا أَبِي / / .

(٢) يا تِلْمِيذَةُ / / .

(٣) يا شَهْنَوازُ / / .

(٤) يا أُخْتِي / / .

(٥) يا مَرْيَمُ / / !

(٦) يا أُمِّي / / .

* يَكْتُبُ الطُّلاّبُ وَالطّالِباتُ عِدَّةً مِنْ هٰذِهِ الْجُمَلِ فِي آخِرِ الْكِتابِ.

(٧) اِمْلأْ (اِمْلَئِي) كُلَّ فَراغٍ فِيما يَلِي بِالْكَلِمَةِ الْمُناسِبَةِ :

عِنْدِي ○ أَجْمَلَ ○ الَّذِي ○ لَكِ ○ كَمْ ○ بِخَيْرٍ ○ مَعَ ○ قُلْ

(١) يا خَدِيجَةُ، أَمَرِيضَةٌ أَنْتِ؟ لا، أَنا ________.

(٢) الدَّفْتَرُ ________ فِي حَقِيبَتِي جَدِيدٌ. هُوَ مِنَ الْيابانِ.

(٣) ________ مُصْحَفًا عَلَى الْمَكْتَبِ؟ عَلَيْهِ مُصْحَفانِ.

(٤) يا أُسْتاذَةُ، ________ سُؤَالٌ : لِمَنْ هٰذا الْماءُ؟

(٥) مَنْ ذَهَبَ إِلَى السُّوقِ ________ بِلالٍ؟ ما أَدْرِي.

(٦) يا تِلْمِيذُ، ________ لِلْمُدَرِّسِ : أَنا مَسْرُورٌ جِدًّا.

(٧) ما ________ هٰذِهِ الْهَدِيَّةَ! لِمَنْ هِيَ؟ هِيَ ________.

(٨) صَحِّحْ (صَحِّحِي) الْجُمَلَ الآتِيَةَ :

(١) عِنْدَ عارِفُ مُصْحَفانِ جَمِيلانِ. ________________

(٢) هٰذانِ نَظَّارَتانِ. ________________

(٣) كَمْ قَلَمُ عِنْدَكَ؟ ________________

(٤) خَرَجَ أُمِّي مِنَ الدُّكّانِ. ________________

(٥) يا جَمالُ، مَنْ مَعَ الشَّيْخُ؟ ________________

(١٢) الدَّرْسُ الثَّانِيَ عَشَرَ

(١) اِبْنُ واحِدٌ :

(٢) اِبْنانِ :

(٣) ثَلاثَةُ أَبْناءٍ :

(٤) أَرْبَعَةُ أَبْناءٍ :

(٥) خَمْسَةُ أَبْناءٍ :

(٦) سِتَّةُ أَبْناءٍ :

(٧) سَبْعَةُ أَبْناءٍ :

(٨) ثَمانِيَةُ أَبْناءٍ :

(٩) تِسْعَةُ أَبْناءٍ :

(١٠) عَشَرَةُ أَبْناءٍ :

تَمارِين

(١) عُـدَّ (عُدِّي) مِنْ واحِدٍ إِلَىٰ عَشَـرَةٍ، وَٱجْعَـلْ (وَٱجْعَلِي) كُلَّ ٱسْمٍ مِمّا يَأْتِي مَعْدُودًا :

بَيْـتٌ	بُيُوتٌ	قَلَـمٌ	أَقْلامٌ
بـابٌ	أَبْوابٌ	ٱبْـنٌ	أَبْناءٌ
كِتابٌ	كُتُـبٌ	سَرِيرٌ	سُرُرٌ
طالِبٌ	طُلاّبٌ	تاجِرٌ	تُجّارٌ
أَخٌ	إِخْـوَةٌ	رَجُلٌ	رِجالٌ

(٢) ٱقْرَأْ (ٱقْرَئِي) ما يَلِي :

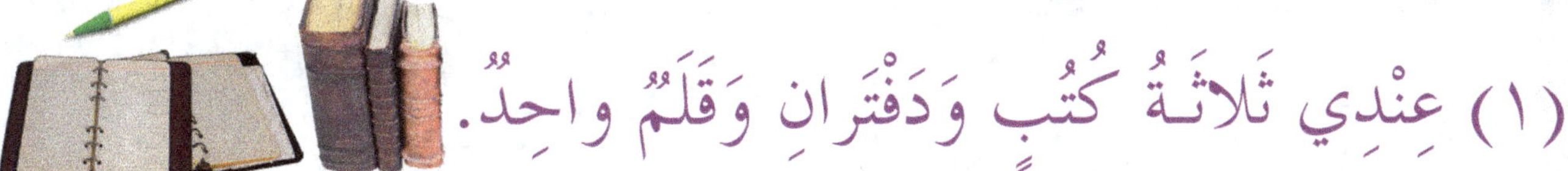

(١) عِنْدِي ثَلاثَـةُ كُتُبٍ وَدَفْتَرانِ وَقَلَمٌ واحِدٌ.

(٢) كَمْ أَخًا لَكَ يا عَبّاسُ؟ لِي خَمْسَةُ إِخْوَةٍ.

(٣) أَمامَ تِلْكَ السُّوقِ عَشَرَةُ بُيُـوتٍ.

(٤) لِلْإِمامِ عَلِيٍّ وَلَدانِ؛ ٱبْـنٌ صَغِيْـرٌ وَبِنْتٌ كَبِـيرَةٌ.

(٥) ما شاءَ اللهُ! هُناكَ مَسْجِدٌ كَبِيرٌ جِدًّا. لَهُ سِتَّـةُ أَبْوابٍ.

(٦) مَنْ جَلَسَ مَعَكَ؟ جَلَـسَ مَعِي خَمْسَـةُ طُلاّبٍ.

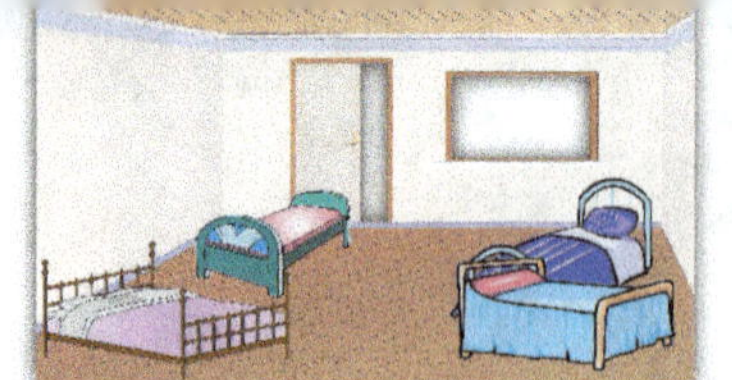

(٧) فِي هٰذِهِ الْغُرْفَةِ أَرْبَعَةُ سُرُرٍ.

(٨) ذَهَبَ ثَمانِيَةُ تُجّارٍ إِلَى الْكُوَيْتِ.

(٩) عِنْدَ الطَّبِيبِ عارِفٍ تِسْعَةُ أَقْلامٍ. هَاتِ واحِدًا.

(١٠) خَرَجْتُ مِنَ السُّودانِ مَعَ سَبْعَةِ طُلّابٍ.

(٣) تَأَمَّلْ (تَأَمَّلِي) ما يَلِي*:

فِي + هُوَ ← فِيهِ	فِي + هِيَ ← فِيها

(١) مَنْ فِي الْبَيْتِ؟ فِيهِ أَبِي وَأُمِّي وَأَخِي وَأُخْتِي.

(٢) يا عائِشَةُ، ماذا فِي تِلْكَ الْحَقِيبَةِ؟ فِيها كُتُبِي وَأَقْلامِي.

(٣) كَمْ رَجُلًا فِي الْمَسْجِدِ الْآنَ يا جَمالُ؟ فِيهِ ثَلاثَةُ رِجالٍ.

(٤) مَنْ فِي سَيّارَتِكَ؟ فِيها الْإِمامُ وَالْمُهَنْدِسُ وَالْمُدَرِّسُ.

(٥) مَنْ فِي الْمِرْحاضِ الْآنَ؟ ما فِيهِ الْآنَ أَحَدٌ.

(٦) ما أَجْمَلَ غُرْفَةَ هِشامٍ! فِيها سَرِيرٌ كَبِيرٌ وَمَكْتَبانِ.

(٧) كَمْ طالِبًا فِي فَصْلِ خالِدٍ؟ فِيهِ أَرْبَعَةُ طُلّابٍ.

* يَسْأَلُ الْمُدَرِّسُ كُلًّا: "مَنْ فِي ____؟" وَيُجِيبُ: "ما ____ أَحَدٌ."

(٤) ضَعْ (ضَعِي) «فِيهِ» أَوْ «فِيها» فِي كُلِّ فَراغٍ :

(١) التَّاجِرُ هُنا فِي هٰذا الدُّكّانِ، وَٱبْنُهُ ____ كَذٰلِكَ.

(٢) ماذا فِي قَهْوَتِي؟! ____ قَلَمٌ!

(٣) مَنْ فِي الْمَسْجِدِ؟ ما ____ أَحَدٌ.

(٤) حَقِيبَةُ كَمالٍ كَبِيرَةٌ. ____ عَشَرَةُ كُتُبٍ وَقَلَمانِ.

(٥) مَنْ فِي الْمَدْرَسَةِ؟ ____ مُدَرِّسَتانِ وَمُدَرِّسٌ.

(٦) ماذا فِي الْبابِ الْآنَ؟ ____ مِفْتاحٌ.

(٥) صَحِّحِ (صَحِّحِي) الْجُمَلَ الْآتِيَةَ :

(١) مَنْ فِي الْمَدْرَسَةِ؟ ما فِيهِ أَحَدٌ. ____________

(٢) ما أَجْمَلَ هٰذِهِ الْبِنْتُ! ____________

(٣) كَمْ بُيُوتًا لِعَلِيٍّ؟ ____________

(٤) ذَهَبَ الْمُهَنْدِسُ مَعَ التِّلْمِيذُ. ____________

(٥) هِشامُ عِنْدَهُ ثَلاثُ كُتُبٍ. ____________

(٦) أَنا ما جَلَسْتُ فِي ذٰلِكَ الْكُرْسِيُّ. ____________

(١٣) الدَّرْسُ الثَّالِثَ عَشَرَ

- السَّلامُ عَلَيْكُمْ وَرَحْمَةُ اللهِ.
- وَعَلَيْكُمُ السَّلامُ وَرَحْمَةُ اللهِ وَبَرَكاتُهُ. أَهْلًا وَسَهْلًا وَمَرْحَبًا.
- كَيْفَ حالُكِ يا دُكْتُورَةُ عائِشَةُ؟
- أَنا بِخَيْرٍ والْحَمْدُ لِلهِ. مَنْ أَنْتِ يا أُخْتِي؟
- أَنا بِنْتُ الدُّكْتُورِ عَبَّاسٍ، وَٱسْمِي فاطِمَةُ.
- مَرْحَبًا بِكِ يا فاطِمَةُ. أُمُّكِ، كَيْفَ حالُها؟
- هِيَ بِخَيْرٍ وَالْحَمْدُ لِلهِ.
- أَيْنَ هِيَ الْآنَ؟
- أَظُنُّ أَنَّها الْآنَ فِي الْمُسْتَشْفَى.
- وَأَخُوكِ، أَيْنَ هُوَ؟
- ذَهَبَ إِلَى الْبَيْتِ.

* مَنْ هٰذِهِ الْبِنْتُ الَّتِي مَعَكِ؟
* هِيَ أُخْتِي.
* ما ٱسْمُها؟
* ٱسْمُها خَدِيجَةُ.
* كَمْ أَخًا وَأُخْتًا لَكِ يا فاطِمَةُ؟
* لِي أَرْبَعَةُ إِخْوَةٍ وَأُخْتانِ . . . يا دُكْتُورَةُ، هٰذِهِ هَدِيَّةٌ لَكِ مِنْ أُمِّي.
* هاتِي الْهَدِيَّةَ. ما شاءَ اللهُ! هِيَ ساعَةٌ! ما أَجْمَلَ هٰذِهِ السّاعَةَ! وَما أَصْغَرَها! شُكْرًا جَزِيلاً. قُولِي لِأُمِّكِ : أَنا مَسْرُورَةٌ جِدًّا بِهٰذِهِ الْهَدِيَّةِ.

* سَأَقُولُ لَها ذٰلِكَ . . . السَّلامُ عَلَيْكُمْ.
* وَعَلَيْكُمُ السّلامُ وَرَحْمَةُ اللهِ.

(١) أَجِبْ (أَجِيبِي) عَنِ الْأَسْئِلَةِ الْآتِيَةِ [الْأَجْوِبَةُ مِنَ النَّصِّ] :

(١) مَنْ فاطِمَةُ؟ ________________________

(٢) أَيْنَ أُمُّها الْآنَ؟ ________________________

(٣) أَيْنَ ذَهَبَ أَخُوها؟ ________________________

(٤) كَمْ أَخًا وَأُخْتًا لَها؟ ________________________

(٢) تَأَمَّلْ (تَأَمَّلِي) الْكَلِمَةَ «الَّتِي» فِيما يَلِي :

(١) [الْمَرْأَةُ طَبِيبَةٌ.] الْمَرْأَةُ الَّتِي خَرَجَتْ مِنَ السَّيّارَةِ طَبِيبَةٌ.

(٢) [الْحَقِيبَةُ لِلْمُدَرِّسِ.] الْحَقِيبَةُ الَّتِي تَحْتَ الْمَكْتَبِ لِلْمُدَرِّسِ.

(٣) [النَّظّارَةُ مَكْسُورَةٌ.] النَّظّارَةُ الَّتِي عَلَى الْكِتابِ مَكْسُورَةٌ.

(٤) [لِمَنِ السّاعَةُ؟] لِمَنِ السّاعَةُ الَّتِي فِي ذٰلِكَ الْفَصْلِ؟

(٥) [الْغُرْفَةُ نَظِيفَةٌ.] الْغُرْفَةُ الَّتِي أَمامَ غُرْفَتِي نَظِيفَةٌ جِدًّا.

(٦) السَّيّارَةُ الَّتِي خَلْفَ تِلْكَ الشَّجَرَةِ لِإِمامِ هٰذا الْمَسْجِدِ.

(٧) تِلْكَ الْمُمَرِّضَةُ الَّتِي ذَهَبَتْ إِلَى الْعِراقِ مِنَ الْيَمَنِ.

(٣) ضَعْ (ضَعِي) فِي الْفَراغِ «الَّذِي» أَوْ «الَّتِي» :

(١) الدَّفْتَرُ ______ عَلَىٰ مَكْتَبِ الْمُدَرِّسِ لِوَلَدِ هِشامٍ.

(٢) الْمَرْأَةُ ______ ذَهَبَتْ إِلَىٰ الْمَلْعَبِ طالِبَةٌ جَدِيدَةٌ.

(٣) الرَّجُلُ ______ خَرَجَ مِنَ الْمَسْجِدِ شَيْخٌ مِنْ مالِيزِيَا.

(٤) الْكُرْسِيُّ ______ فِي غُرْفَةِ حامِدٍ الْآنَ لِي.

(٥) تِلْكَ الْأُخْتُ ______ مَعَ الْمُمَرِّضَةِ بِنْتُ الْمُهَنْدِسِ.

(٦) النَّظَّارَةُ ______ هُناكَ مِنَ الْيابانِ.

(٧) ذٰلِكَ الْمِنْدِيلُ ______ تَحْتَ قِطٍّ جَمَالٍ جَمِيلٌ جِدًّا.

(٤) ضَعْ (ضَعِي) فِي الْفَراغِ «قُلْ» أَوْ «قُولِي» :

(١) يا كَمالُ ______ لِلْإِمامِ : بابُ الْمَسْجِدِ مُغْلَقٌ.

(٢) يا مَرْيَمُ ______ لِلْمُدَرِّسَةِ : أَنا فِي الْمِرْحاضِ.

(٣) يا عارِفُ ______ لِبِلالٍ : جَلَسَ التِّلْمِيذُ عَلَىٰ هَدِيَّتِي!

(٤) يا سُعادُ ______ لِأُخْتِكِ : عِنْدِي رِسالَةٌ لَها مِنْ خالِدٍ.

(٥) يا أُمِّي ______ لِأَبِي : الصَّلاةُ قَرِيبَةٌ.

(٦) يا عَبّاسُ ______ لِلطَّبِيبِ : أَنا مَرِيضٌ.

(٥) تأمَّلِ (تَأَمَّلِي) الْمِثالَ، ثُمَّ كوِّنْ (كَوِّنِي) أَمْثِلَةً مِثْلَهُ :

● الْمِثالُ : صَغيرٌ : ما أَصْغَرَ!

(١) كَبيرٌ : ________ (٣) صَغيرٌ : ________

(٢) نَظيفٌ : ________ (٤) جَميلٌ : ________

(٦) كوِّنْ (كَوِّنِي) جُمَلاً عَلَىٰ غِرارِ الْمِثالِ :

● الْمِثالُ : ما أَصْغَرَ هٰذا الْقِطَّ! (صَغيرٌ)

(١) ________ (جَميلٌ)

(٢) ________ (نَظيفٌ)

(٣) ________ (كَبيرٌ)

(٤) ________ (جَميلٌ)

(٥) ________ (كَبيرٌ)

(٦) ________ (نَظيفٌ)

(٧) ________ (صَغيرٌ)

(٨) ________ (جَميلٌ)

(٧) تأَمَّلْ (تَأَمَّلِي) ما يَلِي :

الْمَسْجِدُ : فِي الْمَسْجِدِ إِلَىٰ الْمَسْجِدِ مِنَ الْمَسْجِدِ

الْمُسْتَشْفَىٰ : فِي الْمُسْتَشْفَىٰ إِلَىٰ الْمُسْتَشْفَىٰ مِنَ الْمُسْتَشْفَىٰ

أَمْرِيكَا : فِي أَمْرِيكَا إِلَىٰ أَمْرِيكَا مِنْ أَمْرِيكَا

(١) أَمِنْ أَمْرِيكَا أَنْتَ؟ لا، أَنا مِنْ كَندَا.

(٢) لِمَنْ هٰذِهِ النَّظّارَةُ الَّتِي عَلَىٰ الْحَقِيبَةِ؟ هِيَ لِمُوسَىٰ.

(٣) مِنْ أَيْنَ أَنْتِ يا سُعادُ؟ أَنا مِنْ فِرَنْسَا.

(٤) زَكَرِيَّا فِي هٰذا الْمُسْتَشْفَىٰ، وَأُخْتُهُ سَلْمَىٰ فِيهِ كَذٰلِكَ.

(٥) فِي الْفَصْلِ طالِبٌ مِنْ مالِيزِيَا، وَآخَرُ مِنْ أَمْرِيكَا.

(٦) أَفِي الْمُسْتَشْفَىٰ أَبُو خالِدٍ الْآنَ؟ نَعَمْ، هُوَ فِيهِ.

(٧) عِيسَىٰ مِنْ نَيْجِيرِيَا. لَهُ أَرْبَعَةُ إِخْوَةٍ.

(٨) يَسْأَلُ كُلٌّ زَمِيلَهُ :"يا ـــــ ما هٰذا؟ / ما هٰذِهِ؟"

*

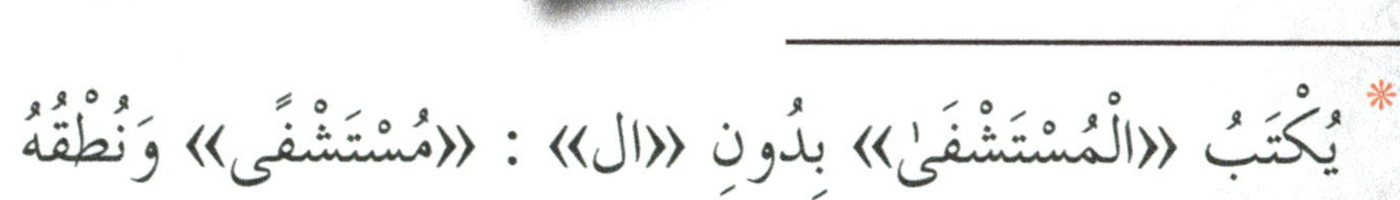

* يُكْتَبُ «الْمُسْتَشْفَىٰ» بِدُونِ «ال» : «مُسْتَشْفًى» وَنُطْقُهُ : «مُسْتَشْفَنْ».

(١٤) الدَّرْسُ الرَّابِعَ عَشَرَ

(١) بِنْتٌ واحِدَةٌ :

(٢) بِنْتَانِ :

(٣) ثَلاثُ بَناتٍ :

(٤) أَرْبَعُ بَناتٍ :

(٥) خَمْسُ بَناتٍ :

(٦) سِتُّ بَناتٍ :

(٧) سَبْعُ بَناتٍ :

(٨) ثَمانِيْ بَناتٍ :

(٩) تِسْعُ بَناتٍ :

(١٠) عَشْرُ بَناتٍ :

(١) عُدَّ (عُدِّي) مِنْ واحِدٍ إِلَىٰ عَشَرَةٍ، وَٱجْعَلْ (وَٱجْعَلِي) كُلَّ ٱسْمٍ مِمّا يَأْتِي مَعْدُودًا :

سَيّارَةٌ : سَيّاراتٌ		طَبِيبَةٌ : طَبِيباتٌ	
طالِبَةٌ : طالِباتٌ		ساعَةٌ : ساعاتٌ	
أُخْتٌ : أَخَواتٌ		أُمٌّ : أُمَّهاتٌ	
غُرْفَةٌ : غُرَفٌ		مُدَرِّسَةٌ : مُدَرِّساتٌ	

(٢) ٱقْرَأْ (ٱقْرَئِي) ما يَلِي :

(١) كَمْ أَخًا وَأُخْتًا لَكِ يا مَرْيَمُ؟ لِي أَخَوانِ، وَثَلاثُ أَخَواتٍ.

(٢) فِي هٰذِهِ الْمَدْرَسَةِ عَشْرُ مُدَرِّساتٍ.

(٣) عَبّاسٌ لَهُ ثَلاثَةُ أَبْناءٍ، وَثَلاثُ بَناتٍ، وَفِي بَيْتِهِ هاتِفٌ واحِدٌ.

(٤) أَمامَ الْمَسْجِدِ ثَمانِي سَيّاراتٍ، وَشَجَرَةٌ واحِدَةٌ.

(٥) فِي الْمُسْتَشْفَىٰ أَرْبَعُ طَبِيباتٍ مِنْ كَنَدا، وَخَمْسُ طَبِيباتٍ مِنَ الْهِنْدِ. وَكَذٰلِكَ فِيهِ سَبْعُ طَبِيباتٍ مِنْ مالِيزِيا.

(٣) كَوِّنْ (كَوِّني) جُمَلاً كَثيرَةً كَما فِي الْمِثالِ* :

الْمُمَرِّضَةُ	الَّتي ذَهَبَتْ إِلَى الْمُسْتَشْفَىٰ	مَريضَةٌ.
الْبِنْتُ	الَّتي في فَصْلِ حامِدٍ الْآنَ	مِنَ الْعِراقِ.
الطَّبيبَةُ	الَّتي خَرَجَتْ مِنَ الدُّكّانِ	بَيْتُها نَظيفٌ.
أُخْتُكَ	الَّتي مَعَ الْمُهَنْدِسَةِ	ما ٱسْمُها؟
الْمُدَرِّسَةُ	الَّتي أَمامَ تِلْكَ الْمَدْرَسَةِ	طَويلَةٌ.

(٤) أَكْمِلِ (أَكْمِلي) الْجُمَلَ الْآتِيَةَ مُسْتَعْمِلاً (مُسْتَعْمِلَةً) «الَّتي» :

(١) الْمُدَرِّسَةُ ______ مِنَ الْيابانِ.

(٢) أُخْتُ عارِفٍ ______ مَسْرُورَةٌ.

(٣) الْمَرْأَةُ ______ يَدُها مَكْسُورَةٌ.

(٤) تِلْكَ الرِّسالَةُ ______ لِمَنْ هِيَ؟

(٥) بِنْتي ______ أَمامَ الْمَلْعَبِ الْآنَ.

(٦) الْمُمَرِّضَةُ ______ مِنْ نَيْجيرِيا.

(٧) الْهَدِيَّةُ ______ جَميلَةٌ.

* يَكْتُبُ الطُّلّابُ وَالطّالِباتُ عِدَّةً مِنْ هٰذِهِ الْجُمَلِ في آخِرِ الْكِتابِ.

(٥) اِمْلأْ (اِمْلَئِي) كُلَّ فَراغٍ فِيما يَلِي بِالْكَلِمَةِ الْمُناسِبَةِ :

فِيها ○ أَظُنُّ ○ سَبْعُ ○ سَبْعَةُ ○ مَعَ ○ عِنْدِي ○ نَظَّارَتانِ ○ تَحْتَ

(١) جَلَسْتُ فِي الْفَصْلِ ______ خالِدٍ أَمْسِ.

(٢) الرِّسالَةُ الَّتِي ______ مَكْتَبِ عَلِيٍّ لِأُخْتِ تِلْكَ التِّلْمِيذَةِ.

(٣) ______ قَلَمانِ. ماذا عِنْدَكَ يا أَخِي؟ عِنْدِي ______.

(٤) يا بِلالُ، أَمِنْ كَنَدَا إِدْوَرْدُ؟ لا، ______ أَنَّهُ مِنْ مالِيزِيا.

(٥) عِنْدِي سُؤالٌ : مَنْ فِي الْغُرْفَةِ الْآنَ؟ ما ______ أَحَدٌ.

(٦) كَمالُ لَهُ ______ إِخْوَةٍ وَ______ أَخَواتٍ.

(٦) صَحِّحْ (صَحِّحِي) الْجُمَلَ الْآتِيَةَ :

(١) الْمَرْأَةُ الَّذِي أَمامَ بَيْتِي أُخْتُ زَكَرِيَّا. ______

(٢) عِنْدِي أَرْبَعُ كُتُبٍ وَخَمْسَةُ ساعاتٍ وَكُرَةُ واحِدٌ.

(٣) ما أَصْغَرُ الرِّسالَةُ الَّتِي فِي يَدِكِ! ______

(٤) يا سَلْمَى، قُلْ لِأُمِّكِ : أَنا مَسْرُورُ بِكِ. شُكْرًا جَزِيلاً! ______

(٥) فِي الْفَصْلِ ثَلاثَةُ طالِباتٍ مِنْ أَمْرِيكِي. ______

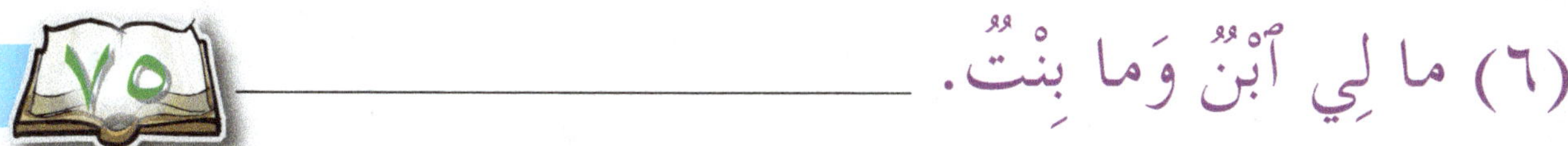

(٦) ما لِي اَبْنٌ وَما بِنْتٌ. ______

(٧) اِمْلَأْ (اِمْلَئِي) كُلَّ فَراغٍ فِيما يَلِي بِالْكَلِمَةِ الْمُناسِبَةِ* :

تَحْتَهُ ◦ مَعَها ◦ عَلَيْهِ ◦ مِنْها ◦ فِيهِ ◦ إِلَيْهِ ◦ خَلْفَها ◦ أَمامَهُ

(١) ماذا عَلَى الْكِتابِ؟ ______ مِفْتاحُ مَكْسُورٌ.

(٢) أَخَرَجَتْ زَيْنَبُ مِنْ مَدْرَسَتِها؟ نَعَمْ، خَرَجَتْ ______.

(٣) ماذا تَحْتَ الْمُصْحَفِ؟ ______ مِنْدِيلِي.

(٤) كَمْ رَجُلاً فِي الْماءِ يا شَهْنَوازُ؟ ______ ثَلاثَةُ رِجالٍ.

(٥) آمِنَةُ مَعَها أَخُوها، وَخَدِيجَةُ ______ أَبُوها.

(٦) مَنْ أَمامَ دُكّانِ ذٰلِكَ التّاجِرِ؟ ______ أُمُّ مُوسَىٰ.

(٧) مَتَىٰ ذَهَبْتَ إِلَىٰ بَيْتِ هِشامٍ؟ ذَهَبْتُ ______ أَمْسِ.

(٨) أَيْنَ الْكُرَةُ الْآنَ؟ أَأَمامَ الشَّجَرَةِ هِيَ؟ لا، هِيَ ______.

(٨) اِقْرَأْ (اِقْرَئِي) كُلَّ جُمْلَةٍ مِمّا يَلِي بِما فِيها مِنَ الصُّوَرِ وَالْعَدَدِ :

(١) عِنْدِي [مصحف] واحِدٌ، وَ [كتاب] [كتاب] [كتاب] .

(٢) كَمْ [فأر] تَحْتَ الـ [طاولة]؟ تَحْتَهُ [فأر] [فأر] .

(٣) [كرسي] الـ [مهندس] يَعْقُوبُ هُناكَ، وَما أَدْرِي لِماذا هُوَ [يضحك] .

* يَكْتُبُ الْمُدَرِّسُ عَلَى السَّبُّورَةِ : عَلَىٰ + ـهُ ← عَلَيْهِ

(٤) ما أَجْمَلَ تِلْكَ الـ  ، وَما أَصْغَرَ ذٰلِكَ الْـ  !

(٥) يا بِلالُ، قُلْ لِلْـ  :  هِشامٍ مُغْلَقُ الْآنَ. أَ  هُوَ؟

(٦) عَلَىٰ الـ 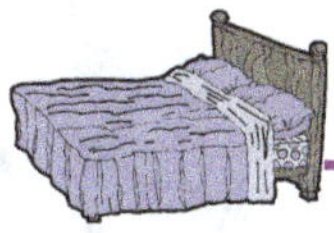 الَّذي فِي  ـكِ  واحِدَةٌ مِنْ

مالِيـزِيَا، وَ  مِنَ الْيابانِ.

(٧) يا  هاتِ الْـ  ، وَيا  هاتِي الْـ  وَالـ  .

(٨) ماذا خَلْفَ الـ  الطَّوِيلَةِ الَّتِي أَمامَ ذٰلِكَ الْـ  ؟

خَلْفَها  وَ  . وَكَذٰلِكَ خَلْفَها  وَ  .

(٩) أَ  الْـ  الْيَوْمَ؟

(١٠)  الْـ  .

(١١) يا  ماذا فِي الـ  ؟ الـ 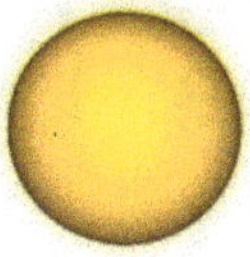 وَالْـ  فِيها.

(١٢) لِمَنِ الْـ  الَّتِي فِيها  ؟! أَظُنُّ أَنَّها لِلْـ  .

(١٣) فِي الْـ  الْآنَ 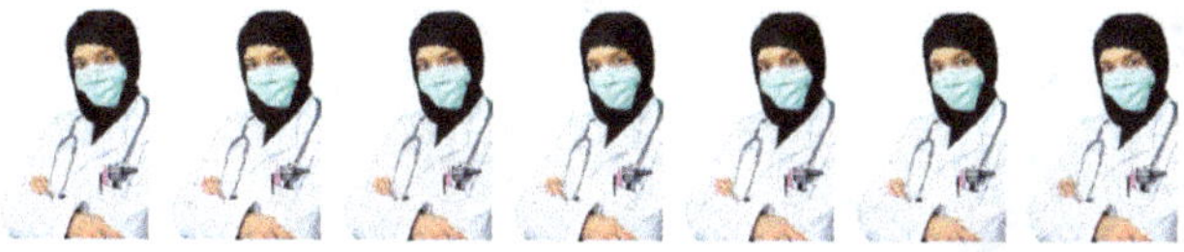 .

(١٤)   ـي ، وَ  ـي  ، وَأَنا  ، وَالْحَمْدُ لِلّٰهِ.

الْبِلادُ الْمَذْكُورَةُ فِي الْكِتابِ

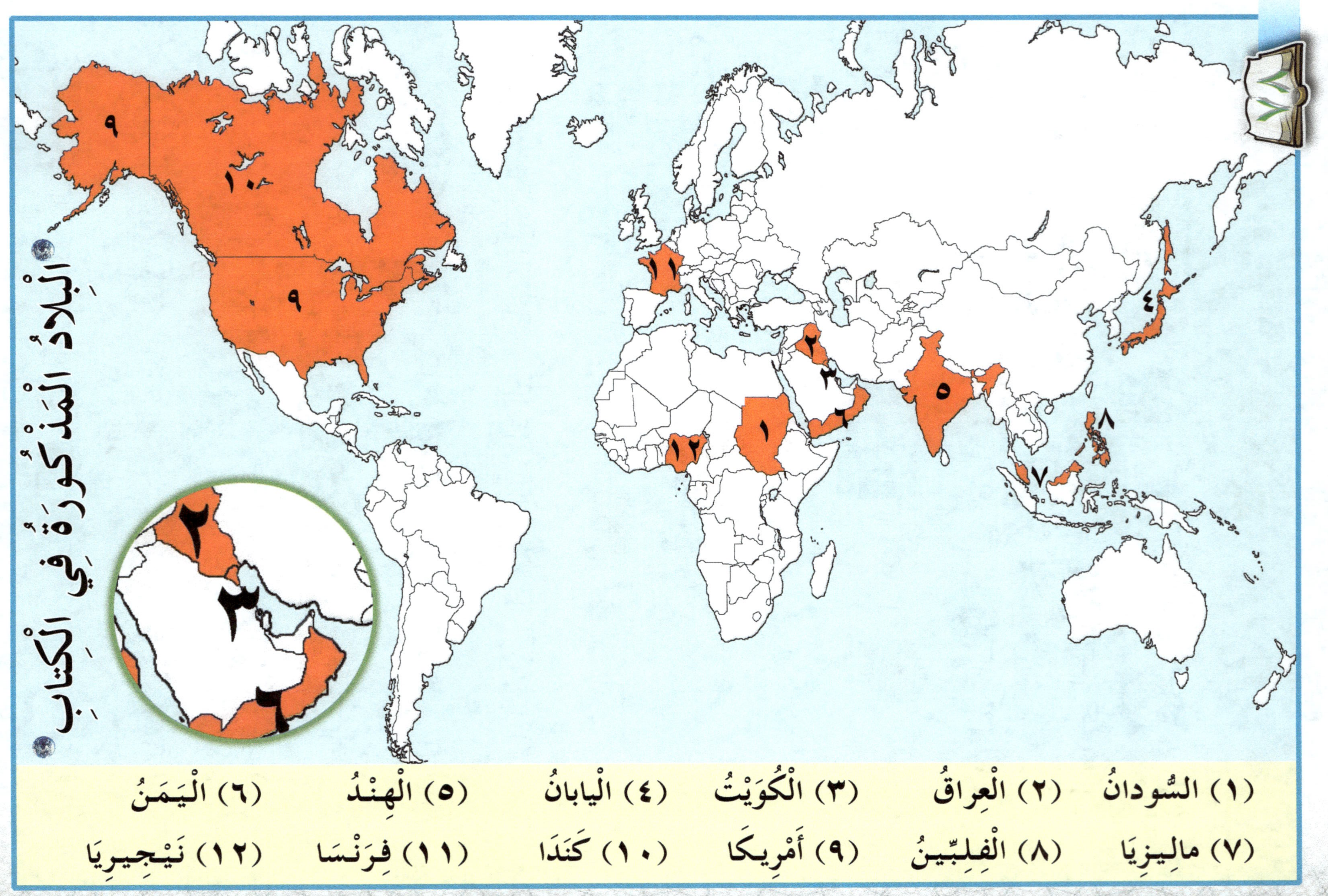

(١) السُّودانُ	(٢) الْعِراقُ	(٣) الْكُوَيْتُ	(٤) الْيابانُ	(٥) الْهِنْدُ	(٦) الْيَمَنُ
(٧) مالِيزِيا	(٨) الْفِلِبِّينُ	(٩) أَمْرِيكا	(١٠) كَنَدا	(١١) فَرَنْسا	(١٢) نَيْجِيرِيا

Dictation / الْإِمْلاءُ

كَلِماتُ الْكِتابِ

(١) : مَكْتَبٌ ٥ عَلَىٰ ٥ سَرِيرٌ ٥ كُرْسِيٌّ ٥ قِطٌّ ٥ خالِدٌ

(٢) : أَهْلاً وَسَهْلاً وَمَرْحَبًا ٥ هُ/ـهُ (اَسْمُـهُ) ٥ وِلْيَم ٥ عَبّاسٌ ٥ دُكْتُورٌ ٥ شَهْنَوازُ ٥ عَلِيٌّ ٥ مِنْدِيلٌ ٥ إِدْوَرْدُ ٥ إِسْماعِيلُ ٥ إِبْراهِيمُ ٥ يا (يا عَبّاسُ)

(٣) : ها/ـها (اَسْمُها) ٥ مُمَرِّضَةٌ ٥ أَخُو...* ٥ مُمَرِّضٌ ٥ مُهَنْدِسَةٌ ٥ أَبُو...* ٥ مُهَنْدِسٌ

(٤) : إِلَىٰ ٥ مِنْ ٥ خَرَجَ مِنْ ٥ ذَهَبَ إِلَىٰ ٥ ذَهَبْتَ إِلَىٰ ٥ مِرْحاضٌ ٥ ما أَدْرِي

(٥) : ذَهَبْتَ ٥ ذَهَبْتُ ٥ مَتَىٰ...؟ ٥ الْيَوْمَ ٥ ذَهَبْتِ ٥ أَمْسِ ٥ ما (ما ذَهَبْتُ) ٥ السُّودانُ ٥ الْعِراقُ ٥ الْكُوَيْتُ ٥ بِلالٌ

(٦) : أَمامَ ٥ جِدًّا ٥ ما شاءَ اللهُ ٥ خَلْفَ ٥ تَحْتَ ٥ شَجَرَةٌ ٥ خَرَجَتْ مِنْ ٥ مَفْتُوحٌ ٥ مُغْلَقٌ ٥ سُعادُ ٥ مَفْتُوحَةٌ ٥ جَلَسَ ٥ جَلَسَتْ ٥ كُرَةٌ

(٧) : الْهِنْدُ ٥ الْيَمَنُ ٥ طالِبٌ ٥ الْيابانُ ٥ طالِبَةٌ ٥ لِماذا؟ ٥ بابٌ ٥ مَرِيضٌ

(٨) : لِـ (لِهِشامٍ) ٥ أَظُنُّ أَنَّهُ.../ أَظُنُّ أَنَّها.../ أَظُنُّ أَنَّكَ.../ أَظُنُّ أَنَّنِي... ٥ مَرِيضَةٌ ٥ آخَرُ ٥ الصَّلاةُ ٥ لِلّٰهِ [لِ + اللهُ] ٥ الْفِلِبِّينُ ٥ مُغْلَقَةٌ ٥ مالِيزِيا ٥ طَوِيلٌ

(٩) : جَلَسْتِ فِي ٥ مِفْتاحٌ ٥ عائِشَةُ ٥ جَلَسْتُ عَلَىٰ ٥ الْمَغْرِبُ (صَلاةُ الْمَغْرِبِ)

(١٠) : السَّلامُ عَلَيْكُمْ ٥ رَحْمَةٌ ٥ كَيْفَ...؟ ٥ حالٌ ٥ خَيْرٌ (بِخَيْرٍ) ٥ حَمْدٌ ٥ مَعَ ٥ رِسالَةٌ ٥ هاتِ... ٥ مُصْحَفٌ ٥ الَّذِي ٥ عِنْدَكَ ٥ الْمَدِينَةُ الْمُنَوَّرَةُ ٥ هَدِيَّةٌ ٥ ما أَجْمَلَ...! ٥ قُلْ لَهُ/لَها... ٥ مَسْرُورٌ ٥ أَذانٌ ٥ مَكْسُورٌ ٥ عِنْدَ ٥ عِنْدَهُ ٥ عِنْدِي ٥ هاتِفٌ ٥ جَلَسَ فِي... ٥ خُبْزٌ ٥ شايٌ ٥ قَهْوَةٌ

---

* وَرَدَ اللَّفْظانِ «أَخٌ» وَ«أَبٌ» فِي الْكِتابِ الثّانِي مُضافَيْنِ إِلَىٰ ياءِ الْمُتَكَلِّمِ، وَوَرَدا مُضافَيْنِ مَرْفُوعَيْنِ إِلَىٰ غَيْرِ ياءِ الْمُتَكَلِّمِ فِي هٰذا الْكِتابِ، فَثَبَتَتِ الْواوُ.

○ يَعْقُوبُ ○ جَلَسْتَ ○ عارِفُ ○ نَظّارَةُ

(١١) : كَمْ...؟ ○ كِتابانِ (الْمُثَنَّىٰ) ○ واحِدُ ○ واحِدَةُ ○ عَيْنُ ○ يَدُ ○ رِجْلُ

○ أَخَوانِ ○ هٰذانِ ○ هاتانِ ○ عَلَيْهِ ○ سُؤالُ

(١٢) : ثَلاثَةُ...* ○ أَرْبَعَةُ... ○ خَمْسَةُ... ○ سِتَّةُ... ○ سَبْعَةُ... ○ ثَمانِيَةُ... ○ تِسْعَةُ...

○ عَشَرَةُ... ○ بُيُوتُ (م** بَيْتُ) ○ أَبْوابُ (م بابُ) ○ كُتُبُ (م كِتابُ) ○ طُلّابُ

(م طالِبُ) ○ إِخْوَةُ (م أَخُ) ○ أَقْلامُ (م قَلَمُ) ○ أَبْناءُ (م ٱبْنُ) ○ سُرُرُ (م سَرِيرُ)

○ تُجّارُ (م تاجِرُ) ○ رِجالُ (م رَجُلُ) ○ فِيهِ ○ فِيها ○ أَحَدُ ○ فَصْلُ

(١٣) : بَرَكاتُ ○ الْمُسْتَشْفَىٰ (فِي الْمُسْتَشْفَىٰ) ○ الَّتِي ○ ما أَصْغَرَ...! ○ شُكْرُ

○ جَزِيلُ (شُكْرًا جَزِيلاً) ○ سَأَقُولُ ○ قُولِي لَهُ.../ لَها... ○ مَسْرُورَةُ ○ الْمَرْأَةُ

○ ما أَنْظَفَ...! / ما أَكْبَرَ...! ○ أَمْرِيكا ○ كَنَدا ○ مُوسَىٰ ○ فَرَنْسا

○ زَكَرِيّا ○ سَلْمَىٰ ○ عِيسَىٰ ○ نَيْجِيرِيا

(١٤) : ثَلاثُ...* ○ أَرْبَعُ... ○ خَمْسُ... ○ سِتُّ... ○ سَبْعُ... ○ ثَمانِي...

○ تِسْعُ... ○ عَشْرُ... ○ سَيّاراتُ (م سَيّارَةُ) ○ طالِباتُ (م طالِبَةُ) ○ أَخَواتُ (م أُخْتُ) ○ غُرَفُ (م غُرْفَةُ) ○ طَبِيباتُ (م طَبِيبَةُ) ○ ساعاتُ (م ساعَةُ) ○ أُمَّهاتُ (م أُمُّ) ○ مُدَرِّساتُ (م مُدَرِّسَةُ) ○ طَوِيلَةُ

يُقْرَأُ «ه/ـه» بِالْمَدِّ إِذا كانَ ما قَبْلَهُ وَما بَعْدَهُ مُتَحَرِّكَيْنِ. نَحْوَ : لَهُو كِتابٌ. هٰذِهِي آمِنَةُ. ○ لِبَيْتِهِي بابانِ. وَإِلاّ فَلا مَدَّ. نَحْوَ : لَهُ الْكِتابُ. ○ عَلَيْهِ دَفْتَرٌ.

نَنْصَحُ لِلْمُدَرِّسِ أَنْ يُدَرِّسَ الْكِتابَ كُلَّهُ أَوَّلاً، وَفِي أَثْناءِ الْقِراءَةِ الثّانِيَةِ يُوجِبُ عَلَى الدّارِسِينَ حَلَّ التَّمارِينِ الْوارِدَةِ فِي كِتابِها الْمُسْتَقِلِّ.

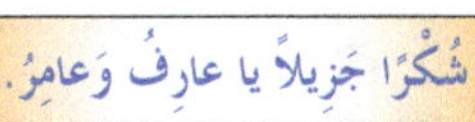

* ذُكِرَ الْعَدَدُ فِي الْكِتابِ مُضافًا فَقَطْ فَلَمْ يُنَوَّنْ.

** «م» = مُفْرَدُ اللَّفْظِ.

About The Author

Dr V. Abdur Rahim is an outstanding scholar of Arabic Language. He was Professor of Arabic for 30 years at the world renowned Islamic University, Medinah, Saudi Arabia, and has been teaching Arabic to non-native speakers for 50 years. He is currently the director of the Translation Centre at the King Fahd Qur'an Printing Complex.

About The Reviser/Co-Author

Muhammad Taha Abdullah is an American convert to Islam since 1989. He studied at the Islamic University of Medinah, Saudi Arabia in the early 1990's. He is forty-four years old, married, has nine children and resides in Malaysia. He has been teaching Arabic for almost twenty years, and has written over 25 books related to Dr V. Abdur Rahim's revolutionary books and methodology.

How This Book Was Made

This book was created with Adobe InDesign, Adobe Illustrator and Adobe Photoshop (all Middle Eastern versions). The InDesign document was converted into a PDF using Adobe Acrobat Pro version 9.0.

Only Traditional Arabic (مِثْلُ هٰذا) was used which I've modified using a font creator program; **bold dark blue** for captions, **bold pink** for feminine verbs, **bold purple** and **black** for text, **bold brown** for examples, and **dark green** for footnotes. Font size is 30 points throughout the book. For page numbers I've used Simplified Arabic (١٢٣), as I've found it to be a bit easier to distinguish.

Please visit both Dr V. Abdur Rahim's website as well as mine for additional material and info relating to the Arabic Language, as well as teaching methodology :

www.DrVaniya.com ***www.Taha-Arabic.com***

Books By Muhammad Taha Abdullah and Dr V. Abdur Rahim :

www.ingramcontent.com/pod-product-compliance
Lightning Source LLC
LaVergne TN
LVHW060511100826
845148LV00006B/954
9789670428031